特別な配慮を必要とする子どもが輝くクラス運営

教える保育からともに学ぶ保育へ

松井剛太 著

中央法規

ちょっと失礼なまえがき

　20年近く前のことです。私は、広島大学学校教育学部の小学校教員養成課程障害児教育領域に所属していました。ゼミで師事したのが、高杉弘之先生です。高杉先生は定年退職を迎える前の年でした。つまり私は、先生の最後のゼミ生だったわけです。

　高杉先生は、お酒とタバコを嗜むのがお好きでした。大学でお会いするときでも、いつも顔は真っ赤でした。ゼミ中は常に手を震わせてタバコを吸っておられ、灰を膝に落としながら話をしてくださったものでした。

　そんなご様子だったからか、私の他に2名いた同期のゼミ生は、しばしばゼミをサボっていました。そのおかげで、私は先生の指導をマンツーマンで受けることができました。失礼ではありますが、先生から金言をいただいたという記憶はありません。ただ、先生の背中からは一つの問いを授かりました。

　高杉先生は退職間際になっても教育相談をしておられ、障害のある子どもが保護者とともに研究室に来室することがありました。子どもは緊張した面持ちで、はっきりと警戒した様子がわかります。保護者もにこやかなようで、どこか壁を感じる雰囲気をまとっていました。それが研究室を離れるときには、すっかり変貌しているのです。子どもの姿がまるで変わり、それに驚いた保護者も先生を信頼する様子が見えます。

　先生が何か特別なことをしているようには見えません。部屋に来た子どもと向き合い、関わるだけです。特別な技

術を使っているようにも見えません。しかし、子どもがみるみるうちに変わっていくのです。私ではダメなのです。若くて活きがよく、遊ぶ意欲に溢れているおにいちゃんよりも、顔が真っ赤で手が震えていてタバコ臭いおじいちゃんがなぜか合うのです。その背中を見て思いました。「なぜこのおじいちゃんは、子どもをここまで惹きつけられるのだろう」。

　その疑問を抱いた数年後、院生になっていた私は、広島大学大学院幼年教育研究施設の七木田敦先生に師事していました。ある日、学会か研修かの帰りの新幹線の車中で一つの動画を見せられ、「どう思う？」と問われました。

　その動画には、一人の子どもと一人のおじいちゃんが映っていました。施設の入り口付近の床に、大量のストローが落ちています。そこに一人の子どもが座って、ストローを手にしています。その近くには一人のおじいちゃんが座り、その子どもにストローを渡しているというものでした。

　はっきり言語化できませんが、その動画に映っていたおじいちゃんの間合いがすごいと思いました。そして同時に、高杉先生が子どもと関わっていた姿が思い浮かびました。そういえば、高杉先生もこんな感じだった気がすると思ったのです。

　その場で、動画に映っている「おじいちゃん」は、津守眞先生だと聞きました。愛育養護学校でのストロー遊びの一幕だったのです。ここで疑問がさらに深まります。「この先生方は、子どもの何が見えているのだろう。子どもには、この先生方がどう見えているのだろう」と。

　さらに月日が経ったあるとき、チャンスが訪れます。津守先生がペスタロッチー教育賞を受賞され、広島大学に来

られることがわかりました。ストロー遊びのことを直接聞いてみたい。しかし、それは叶いませんでした。今にして思えば、一介の院生が授賞式に来られた津守先生と会って話ができるような状況にはありません。ただ、そういう大人の事情には触れず、そのとき七木田先生からはこう言われました。「その問いは、君の今後の研究人生のために答えを聞かないほうがいいんじゃないか」。

　私の関心は、こういった出来事が基点になっています。高杉先生と津守先生、学問の背景は異なる先生方ですが、子どもと関わるときの「感じ」は似ているように思えました。先生方と関わった子どもたちも、生き生きと遊んでいるように見えました。「子どもたちは、なぜそういう姿を見せるのか」。そこに、特別な配慮を必要とする子どもたちも含めた保育のヒント、換言すると、特別支援と保育が噛み合うヒントが隠れているのではないか、と思うのです。

　本書は、筆者が就学前施設を訪問した際に出会った保育実践をもとにしています。特別な配慮を必要とする子どもたちが、生活や遊びの中で「何かに惹かれる感じ」はどういった構造のもとで起きているのかを考えたいと思っています。ここに導いてくださった多くの師匠に感謝をこめて。

松井剛太

CONTENTS

ちょっと失礼なまえがき

本書の構成とねらい

第1章
集団であるということ

1　一人ひとりの違いをみんなの学びに変える　　012

2　「卓越した技術」で「個々の能力」を伸ばすって?　　018

3　「柔軟な心持ち」で「全体の空気づくり」って?　　028

第2章
学びのきっかけをくれる子どもたちの空気

1　3つの空気　　034

2　「空気」って見えないもの。でも確かにある　　036

3　子どもたちを取り巻く空気と特徴　　038

自閉症スペクトラム障害の診断を受けた子ども	038
注意欠如・多動性障害の診断を受けた子ども	040
知的障害の診断を受けた子ども	042
身体の動きに課題のある子ども	044
選択性緘黙の子ども	046
虐待の恐れがある子ども	048
外国籍家庭で育つ子ども	050
貧困家庭で育つ子ども	052

第3章
学びのきっかけをくれる
子どもたちがいるクラスの運営

1 場面からみたクラス運営

イメージを超える子どもたち……遊びを通じて	056
我慢と自己抑制……落ち着きを経験できる環境とは	060
子どもの自信を育てるプロセス	064

CONTENTS

声にならない声を聴く	067
参加のカタチ……それぞれの意欲に合わせて	070
「肯定的な特別扱い」による子どもたちの関係の変化	073
仲間入りの決まりによる排除の構図	077
子どもの行動と場の関係……どちらを変えるのか	081
関心の波紋が遊びの賑わいへ	084
モノが先かヒトが先か……子どもたちが寄せられてくる	087
行事での配慮とクラス運営……やりたくない・できない子ども	091

2 遊びからみたクラス運営

一人ひとりが自分らしく参加できる遊び	094
発達の差に関係なく楽しめる遊び	097
型が伝染し、個性が表れる遊び	100
失敗を楽しむ遊び	104

3 集団を動かすクラス運営

活動の区切りを気持ちの区切りにしない	108

「自由度の高い制約」により、自然と集合体になる　111

みんなでやればつらくない……さりげない仲間意識　114

一番の気持ちをみんなが感じられる遊びの工夫　117

4　特性に応じた子ども理解

こだわりの裏に見える気持ち……子どもの内面を理解する　120

子どもの特性とおもちゃの特徴　122

関係性をつなぐモノ　124

何のために集めるの?　126

子どもが「破壊」に対して思うこと　128

5　空気を変える園内体制

子どもたちのやる気を引き出す用務員　130

保育に携わる調理員　133

まじめなあとがき

本書の構成とねらい

　本書は、筆者が巡回相談等で幼稚園・保育所・認定こども園に訪問した際に学ばせていただいた事例をもとにしています。そこに共通しているのは、保育者の卓越した技術により個々の能力を伸ばす方法ではなく、保育者が柔軟な心持ちによりクラス全体の生活や遊びの空気を整えた結果として生まれた子どもたちの学びです。

　第1章では、「配慮が必要な子どもたち」を「学びのきっかけをくれる子どもたち」ととらえ直すことについて説明します。また、そういった子どもたちがいる保育を進める中で、保育者が陥りやすい思考の仕組みを示した上で、クラスづくりのポイントを記しました。

　第2章では、学びのきっかけをくれる子どもたちの特徴をまとめました。それぞれに、保育者が保育の中で持ってしまいがちな心持ちを示し、それを柔軟に変えていくためのポイントを示しています。いわゆる教科書的な特徴とは違う点を含み置いた上で、第3章の事例をお読みいただきたいと思います。

　第3章では、実際の保育現場で見られた事例を掲載しました。さまざまな状況の中で、子どもたちが学ぶ様相を感じていただきたいと思います。卓越した技術のもとにない子どもたちの学びのみずみずしさに触れて、次の保育を考える機会にしてください。

　今回の幼稚園教育要領、保育所保育指針、幼保連携型認定こども園教育・保育要領の改訂（定）では、子どもの資質・能力を育む視点が示されました。これは、子どもたち

が自ら感じ気づいたことをもとに、工夫したり、試したり、表現したりして、意欲的に粘り強く学ぶ姿を支えるものです。また、従来は障害の種別に望ましい支援が記されていましたが、活動で生じる課題に対する支援が加わっています。これは、子どもたちのニーズが障害のくくりだけでは語れなくなっている現状を物語っています。

　ここまで読んでいただいた皆さんには、本書で示した「子どもたちの学びに着目」「その子の生活や遊びの中に見える課題」といった着眼点が、今回の幼稚園教育要領、保育所保育指針、幼保連携型認定こども園教育・保育要領の示す方向性と重なっていることがわかると思います。

　本書と共に幼稚園教育要領、保育所保育指針、幼保連携型認定こども園教育・保育要領を手に取りながら、活用していただければ望外の喜びです。

集団であるということ

保育が家庭での子育てと異なる点は、
多くの園児がともにいることです。
保育者にとって、保護者にとって、園児本人にとって、
集団であることはどういうことなのかを考えます。

1 一人ひとりの違いを みんなの学びに変える

すべての子どもが保育者の言うとおりになる「いい子」ばかりだったら、
保育は楽しいでしょうか。違いがあるからこそ、
一人ひとりの学びにつながります。

「ほどよく」気になるクラスづくり

「年々、気になる子どもが増えていますよね」

これは、私が巡回相談などで幼稚園・保育所・認定こども園（以下、就学前施設）へ訪問した時によく聞かれる言葉で、先生方の偽らざる実感でしょう。クラスに気になる子どもがいて、「今の保育でいいのだろうか？」という思いのまま、日々の保育を進めなければならないというのは、しんどい状況だと思います。

では一方で、誰一人として気にならないクラスだとしたらどうでしょうか。「すごく保育がやりやすい」「みんながしっかり育っていて、自分の保育に自信がもてる」。そう考えることもできるでしょう。しかし、「いい子どもたちすぎて逆に心配」「一人ひとりの個性が活かされていないような気がする」「子どもたちの行動が予想できて安心だけど、想像以上にオモシロイ遊びは起こらない」…。

気になる子どもがいすぎては困る、でもまったくいないと保育に変化が生まれない。「気になる子どもは保育に変化を与え、面白みをもたせてくれる存在である」と考えれば、実は「ほどよく」気になるクラスがいいのかもしれません。だからこそ、保育はオモシロイし、保育者のやりがいも生まれます。「クラスに気になる子どもばっかりいて困るんです」という状況に対して、「気にならなくなったらいいのに」という願望を抱くのではなく、「ほどよく気になるクラスに変えたい」と目標をもつことから始めてはどうでしょうか。

1 集団であるということ

学びのきっかけをくれる子どもたち

　現在、就学前施設には、さまざまな配慮を必要とする子どもがいます。障害のある子どもや外国籍家庭の子ども、家庭の養育が不安定な子どもたちは、保育者にとって気になる子どもの代表格といえます。

　ではなぜ、皆さんはそういった子どもたちを気にするのですか？　それは、一言でいえば「さまざまな想定外を巻き起こす存在だから」だと思います。遊びのときに他の子どもとはまったく違う行動をする、つじつまが合わないことに異常にこだわる、施設のルールを気にせず自由にふるまう、脈絡なく物を壊す、などなど。イメージしていたこととのギャップが大きすぎて、気にせざるを得ないというのが実態でしょう。

　そのとき、皆さんの頭の中には「なぜ、そんなことをするの？」という疑問が生じているはずです。さらに、「どのように配慮すればいいのだろう？」とたくさんの疑問が覆いかぶさってくるでしょう。「配慮を必

013

要とする子ども」。そういうと、その子に何かが足りないため、何かの配慮をしなければならない対象になります。

　私はあるとき、保育者を引退されて久しい方から次のような話を聞きました。

　「今の子どもたちのことを聞くと、よく発達障害とか気になる子とか言うけど、そんな子どもたちのことを昔は風変わりな子って言っていました。そこには良い意味も含まれていたんだけどねぇ」

　風変わりとは、様子や行動が普通とはちょっと違うという意味です。しかしそれは、悪い意味ばかりではなくて良い意味の場合もあります。何より、子ども主体ではなく保育者主体・保護者主体であたりまえのようにされてきた保育に新しい風を送り込み、それまでの空気を変えてくれる存在なのではないか。その方の話からそんなことを思うようになりました。

「さまざまな想定外を巻き起こす」。それは、子どもたちが、現在の生活環境に対して新しい風を吹かせて、何かを変えようと頑張っている姿なのかもしれません。そういった姿には、きっと、あたりまえのように行われている保育をより良くしていくために見直さなければならないヒントが含まれています。

「配慮を必要とする子ども」は、保育者にとって「学びのきっかけをくれる子ども」です。保育者は、そういった子どもたちの姿に対して、生活環境を変えるきっかけをくれたんだと考えることが大切です。

一人ひとりの違いをみんなの学びに変えるために

学びのきっかけをくれる子どもたち。子どもたち一人ひとりの違いをみんなの学びに変えるために、保育や教育の現場では、インクルージョンという理念でその実現を目指しています。

2012年、文部科学省中央教育審議会によって「共生社会の形成に向けたインクルーシブ教育システム構築のための特別支援教育の推進（報告）」が出されました。ここで、共生社会は「誰もが相互に人格と個性を尊重し支え合い、人々の多様な在り方を相互に認め合える全員参加型の社会」とされています。そして、共生社会の形成に向けて、下記の基本的な方向性のもとで、幼児期からのインクルーシブ教育が進められています。

> 「障害のある子どもと障害のない子どもが、できるだけ同じ場で共に学ぶことを目指すべきである。その場合には、それぞれの子どもが、授業内容が分かり学習活動に参加している実感・達成感を持ちながら、充実した時間を過ごしつつ、生きる力を身に付けていけるかどうか、これが最も本質的な視点であり、そのための環境整備が必要である。」（同報告より）

ちょっと堅苦しい文章ですが、就学前施設でいいかえれば、「クラスのみんながともに遊び、充実した時間をたくさん過ごせるようにするための環境を整えること」。これに尽きます。
　学びのきっかけをくれる子どもたちが多いクラスでそれを実現するのは難しいよ、という声が聞こえてきそうですね。そのためには、もっともっと特別支援教育を勉強しないといけない！　そう意気込む方もたくさんいらっしゃることでしょう。いえいえ、実はそのヒントは「特別支援教育」だけではなくて、「保育」の中にもあるんですよ。だって、保育は歴史的にこのインクルージョンの理念を先取りするような実践をしてきたのですから。

> 『保育者が「自分の常識には合わない行動をとる子ども」と出会ったときに、「自分の常識に揃えようとしないこと」が求められます。自分の常識に合わない行動について、子どもたちが自身の一日の生活と実践を創造することを求めて、「自らの願いと意志を表明している」ととらえなければなりません。[*1]』

これは、保育者が「クラスのみんながともに学び、充実した時間をたくさん過ごせるようにするための環境を整える」ための基本的な心構えだと考えることができます。

これまで先人が築き上げてきた「保育」から得られているヒントがあります。本書では、特に次の2つを取り上げます。

● 「卓越した技術」の前に「柔軟な心持ち」を
● 「個々の能力」を求める前に「全体の空気づくり」を

何が言いたいのか、よくわからない…。それが皆さんの本音でしょうか。「だって、今のままの保育ではうまくいかないのだから、保育者が今までとは違う卓越した技術を身に付けないとダメでしょ」「特別支援の対象になるような子どもの能力を伸ばすことを求めて何が悪いの?」。そんな声が聞こえそうです。

では、この2つについて、実際に学びのきっかけをくれる子どもたちがいる状況に照らし合わせて、具体的に考えていきましょう。皆さんも、自分が担任になったつもりで、クラスの状況を思い浮かべつつ、そのときの自分の心理状態を考えながら、読み進めてください。

---

*1　津守 眞「差異を差別にではなく学びへと転換する」『幼児の教育』第105巻第11号、45頁、フレーベル館、2006年

2 「卓越した技術」で「個々の能力」を伸ばすって？

保育者の特別な技術が、子どもの能力を伸ばすのではなく、
一人ひとりの個別性を理解したかかわりが、
子どもたちの学びを深めるのです。

「できる」「できない」の落とし穴

すべての保育者は、子どもが何かを「できる」ようになった瞬間に出会います。そのときは、何物にも代えがたい「喜び」を感じることでしょう。それだけ、「○○さんが△△できるようになった」ことは、自分の保育に自信をもつ要因になります。

ここで、逆の状況を考えてみましょう。すべての保育者は、子どもが何かを「できなかった」瞬間にも出会います。そのときは、何物にも代えがたい「悲しみ」を感じるでしょう。それだけ、「○○さんが△△できなかった」ことは、自分の保育に自信をなくす要因になります。

保育者は日々こういった一喜一憂を経験しながら、保育の歩を進めていると思います。「できる」「できない」が気になってしまうのは、子どもに対する願いが強いためでもあります。したがって、そのこと自体が悪いこととは思いません。

ただし、「できる」「できない」に縛られてしまうと、「子どもが△△できない」と感じる状況に接することが多くなるにつれ、学びのきっかけをくれる子どもたちとの生活はしんどくなります。一喜一憂ならまだしも、一喜三憂、四憂になれば、「ほどよく」気になるクラスではなくなります。いずれ悩みも深くなって、子どもたちが「学びのきっかけをくれている」とは冷静に考えられなくなると思います。

そこが一つの落とし穴。そういう発想に陥ってしまう仕組みを詳しくみていきましょう。

能力を一人ひとりの子どもの内側に見ることで…

　子どもが何かをできるようになったとき、「○○さんに力が付いた」と表現することがあります。これは、その子どもにできなかった問題があったけれど、それが改善されたことを表現しているものと思います。つまり「力が付いた」と判断する基準を、保育者が無意識のうちにもっていることになります。要するに、一人ひとりに発達の違いがあることはわかっているけど、そうはいっても、「この年齢の子どもだと、△△ができるようになれば、大丈夫だろう」という基準があるということです。

　たとえるならば、一人ひとりの子どもの内側に能力ゲージのようなものが存在していて、それはその子自身の頑張りによって上下動するものである。そして、そのゲージがある地点（△△ができた）に達したら、「力が付いた」と判断できるという考え方です。

　このように、一人ひとりの能力は、一人ひとりの内側にあって、一人

1 集団であるということ

ひとりの努力によって伸びるという見方を「個体能力論的発達観」*2といいます。要するに、「あんなことがもうできるようになったなんて、あの子すごく力が付いたよね。やっぱりいつも練習してるからかな」といった感じです。

　では、この見方に立つと何が問題なのでしょうか。それは、子どもが何かをできなかったとき、保育者の意識の問題として現れます。「担当している子どもがどうもうまくできないことがある。他の子どもはできているのにどうしてこの子どもはできないんだろう」という状況を想像してください。そのとき皆さんは、どういう心持ちになりますか。

　個体能力論的発達観に立つと、保育者は、「その子どもの能力がまだ十分ではないため、その子どもが頑張れるような工夫をして、能力が身

---

*2　**個体能力論的発達観**……個人の能力を他者や場などの文脈の中で全体的に捉えるのではなく、そこから切り離して1つの個体のなかに能力が存在すると捉える考え方。これによれば、能力は良くも悪くも、その子どもの問題として考えられる。

に付くようにしてあげなくてはならない」という意識になります。そういった意識から導き出される方法として真っ先に挙がるのが、「その子どもがその能力を身に付けられるように、その子どもがわかるように、きちんと知識や技能を教えて、しっかり身に付けさせる」というものです。

最後は「どうやって頑張らせたらいいのか」になりがち

「その子どもがその能力を身に付けられるように、その子どもがわかるように、きちんと知識や技能を教えて、しっかり身に付けさせる」

それの何が悪いわけ？　そんなのあたりまえでしょ？　そんな声が聞こえてきそうです。

確かに、うまく教えることができれば、何も問題はないように思えます。しかし、そもそも保育者が「教える側」であり、子どもが「教えられる側」に立つという前提に疑問が残ります。論より証拠。子どもに対して、「大事なことは何回教えてもなかなか身に付かないくせに、どうでもいいことは教えてもいないのによく覚えている」という感覚をもったことが少なからずあるでしょう。そこには、大人がきちんと教えても、子どもはしっかりそれを身に付けることができるわけではないという論理があります。

ところが、個体能力論的発達観に立ち、ひとたび「その子どもがその能力を身に付けられるように、その子どもがわかるように、きちんと知識や技能を教えて、しっかり身に付けさせる」という意識になると、「先生も頑張って教えるから、あなたも頑張って」という押し付けになってしまいがちです。

その際、旧来より教育現場で採用されてきた方法は、「より長く・より繰り返し・より厳しく」教えるというものでした。これは、子どもをからっぽの容れ物とみなし、知識や技能を詰め込めば詰め込むだけ、子どもは有能になっていくという考えに基づくものです。こういった考え方は「伝達論的教授観」[*3] などといわれます。

ここまでのことをかいつまんで整理すると、何かができない子どもに出会ったとき、「その子の能力がまだ十分でない（個体能力論的発達観）から、長い時間をかけて、何度も繰り返し、時には厳しい態度で知識や技能を教える（伝達論的教授観）ようにしよう」という意識をもつ、となります。

　身の回りの始末、運動会や生活発表会の練習…、そういわれれば思い当たる節がありませんか。それぐらい、この考え方は根強く残っているものです。

「卓越した技術」はどこにも転がっていない

　「その子どもの能力がまだ十分でない（個体能力論的発達観）。だから、長い時間をかけて、何度も繰り返し、時には厳しい態度で知識や技能を教える（伝達論的教授観）ようにしよう」。それで子どもが思ったとおりに育ってくれたら苦労はしません。だって、子どもというのは、「大事なことは何回教えてもなかなか身に付かないくせに、どうでもいいことは教えてもいないのによく覚えている」ものでしたよね。

　学びのきっかけをくれる子どもたちは、なおさら保育者の思ったとおりにはならないでしょう。だからこそ、これまでのやり方ではダメかもしれないという「学びのきっかけをくれる」存在になるのです。

　「長い時間をかけて、何度も繰り返し、時には厳しい態度であなたに必要な知識や技能を教えたよ。先生はできる限り、頑張ってやってるんだけど…。でも、これだけやってもダメなのはどうしてなんだろう」

　そこで、次に保育者が考えるのは、もっと有効な教え方を知りたいということだと思います。つまり、「今のやり方よりも、もっと子どもに効果的・効率的に教えられる技術があるはずだ。それを学ぼう」。真面目な保育者であればあるほど、その方法や技術をきちんと身に付けようと

＊3　**伝達論的教授観**……子どもに知識や技能を教授することを重視する考え方。より多くの知識や技能を詰め込むことで、子どもはより大きく発達するとしている。

するでしょう。

　そういった姿勢をもつことはとても大切です。ただし、学び方についてては考える余地があると思います。なぜなら、いろいろな方法や技術を研修や書籍でたくさん学んで、実際に試してみたけれど、うまくいった実感がもてなかったという保育者が多くいるのも事実だからです。

　ここには、学び方の問題があると思います。学びのきっかけをくれる子どもたちと適切にかかわるために、発達障害のことを知り、その特性に合ったものとして、ステレオタイプのように、子どもたちに視覚的に伝える方法を学ぶ。こういった研修は、特別支援教育の始まりに伴ってたくさん実施されており、多くの保育者が学ぶ機会を得たことでしょう。そのとき、皆さんはどのような学び方をしてきたでしょうか。

　多くの方は、発達障害の特性に伴い生じる課題を「問い」とし、その特性に合った方法を「答え」として学んだことでしょう。例えば、自閉症スペクトラム障害の子どもがもつ課題として、「先の活動の見通しが

1 集団であるということ

023

もちづらい」(問い)というものがある。そして、その課題を解決するために、「視覚的にスケジュールを提示する」(答え)という方法がある。こういった具合です。

このようなQ&A対応での学び方は、「答え」をスッキリ理解するのにわかりやすい反面、その「問い」を再度問い直すという学びは生まれません。実際の保育現場では、仮に同じ障害の診断を受けていたとしても、一人ひとり子どもも違えば生活環境も違います。したがって、どこかの研修や書籍で学んだものとまったく同じ問いというのはあり得ません。あるとしても類題で、たとえ「問い」が似ていても、「答え」は違うものになるはずです。

特別支援教育などで「この方法が有効だ」といわれるような技術を学ぶこと自体は否定しません。しかし、その方法が広く汎用できる「答え」だとする学び方には疑問をもつ必要があると思います。

そもそも問いが異なるのです。答えだけみるのではなく、問いを立て直したうえで、答えが変わることを想定しなければなりません。

追い込まれるとこうなる!?

ここまでの話を図にして、わかりやすく示したいと思います。下記の図をご覧ください。

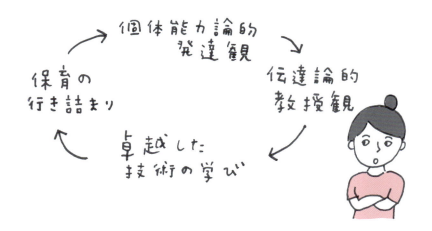

　その子どもの保育が行き詰まった場合、能力がまだ十分育っていないとみなします（個体能力論的発達観）。すると、子どもたちの力を付けるために、長い時間をかけて、何度も繰り返し、時には厳しい態度で知識や技能を教える指導が行われます（伝達論的教授観）。そこで問題が解決すればいいですが、先述のとおり、保育者の思いどおりに子どもが育ってくれることはあまりありません。むしろ、そういった指導を受けることで、逃げようとしたり話をごまかそうとしたり、他の子どもにイライラをぶつけてみたりなど、二次的な問題が発生し、より複雑化する場合も多くみられます。

　「こんなに時間をかけて、何回も繰り返し、時には厳しく教えた」のに、子どもの行動が改善されない。こういった状況だと、「やはり私の教え方が悪かったのかな」と考えるでしょう。そこで、その子どもの特性に合った指導方法を追い求めることになります。

ここで注意したいのは「卓越した技術」（答えのみ）を学ぶことでしたね。しかし、実際には「自閉症スペクトラム障害には、○○の方法が有効である」「ADHDには、△△の方法が効果的だ」というように、問いである「その子」の課題はどこにあるのかを立て直さないまま、「障害名」のみですぐ使えそうな答えを採用してしまうものではないでしょうか。

　そういった方法で状況が好転することもあります。ただしそれは、その方法が偶然にもその子どもだけでなく、クラス全体にも有効だった場合に限ります。障害別といいますが、同じ障害の診断を受けていても、子どもの様態はさまざまです。したがって、その子どもに常に有効な答えとは限りません。ましてや、他の子どもたちも含めたクラスの状況において有効かと考えると、そんなに都合よくいくことはまれだと考えられます。結果として、一時的に状況が改善されても、時間が経つと再び保育に行き詰まり、新たな問題に直面するというケースが多くなるのです。

「卓越した技術」で「個々の能力」を伸ばす保育の課題

　ここで、これまで述べてきたことからわかることを整理しましょう。保育上の課題は3つあります。

　第1に、問題を子どもの能力不足として切り取っていることです。問題を子どもの内側にあるものとして考えると、能力を伸ばして問題を改善することばかりに目が向きます。そこで、その子どもに対して有効な方法を見つけることに注力することになり、周囲の子どもたちや保育者との関係、物理的な環境の課題など、保育上の課題を考える意識がもちにくくなります。

　第2に、子どもが生活の環境の中で自然に学ぶ状況を想定していないことです。伝達論的教授観では、保育者が教える主体で、子どもがそれを受ける客体という主客関係が前提にあります。保育者がきちんと教えなければ、子どもに力は身に付かないという捉え方は、「保育者が何を

どのように教えたらよいのか」にばかり考えが及び、「子どもが何をどのように学んでいるのか」への意識は弱くなります。

　第3に、子どもの生活の状況を考慮していないことです。一般的に、障害特性に合った教育方法・技術は、個々人の生活の状況を省いて提示されるものです。それは、一般的な状況の中で示された答えだけをみて有効だと判断しているだけで、「その子ども」に合った答えだとは限りません。一般的な答えが有効だと思い込んでしまうと、「その子どもの課題」つまり、問いを立て直す作業を怠ってしまいます。

　その子どもに合った遊びや生活の環境は、その子どもが今いる状況の中でしか導き出せないはずです。そこには、就学前施設の環境や保育者、子どもたちなど、さまざまに入り組んだ環境が背景にあるからです。そういった複雑な状況の中で、子どもは学んでいます。そのことを前提として考えたとき、保育者には、「柔軟な心持ち」で「全体の空気づくり」をすることが求められるのです。

3 「柔軟な心持ち」で「全体の空気づくり」って？

現在行われている保育を疑ってみると、
クラス全体の雰囲気づくりの大切さに気づきます。
ともに学び合う存在としての他者を媒介するのが、保育者の役割です。

問題は個にあらず。クラスの中にある

　「子どもの能力が不十分である」。そこに問題の要因を見出そうとすると、先ほどのような悪循環に陥ることが多くなります。その見方を変えて、問題はクラスの中にあるのではないかという柔軟な心持ちができるでしょうか。

　個に問題の要因を見出すこと、つまり「学びのきっかけをくれる子どもの能力に問題がある」と考える背景には、問題のない子どもたちの集団が別に存在していて、学びのきっかけをくれる子どもがその集団に適応できていない。そのため、個別対応をしなければならないという意識があります。つまり、今目の前で行われている保育に適応できない少数の子どもには問題があるため、その問題を明らかにして改善しなければならないということです。そこには、現在の保育は基本的に正しいという前提があります。

　しかし近年は、子どもの発達以外にも、家庭背景などにより学びのきっかけをくれる子どもがたくさんいるクラスがみられます。そういったクラスでは、学びのきっかけをくれる子どもたちへの個別対応が成り立ちにくい状況があります。そのため、現在の保育は基本的に正しいという前提を取り外して、柔軟な心持ちのもとで新たな保育を創る必要があります。

　柔軟な心持ちをもつと、今までとは違う子どもの理解や保育の方法が思い浮かぶことがあります。たとえば、ある子どもの能力の問題だと思

っていたことが、実は別の「よくできる子」によって、その子どもを排除する空気が作られていたというものがあります。その場合、能力が不十分と思っていた子どもに対する指導ではなく、クラス集団全体の問題と捉えなおすことができます。つまり、そもそもの「問い」の立て直しができたわけです。

　このように、柔軟な心持ちで問題を眺めてみると、実は一人の子どもの能力の問題ではなく、正しいと思っていた現在の保育の中で生まれた問題だったことに気づくことがあるのです。

クラスの中で振れ合いながら育つ子どもたち

　保育者が教えなくても、子どもたちが学ぶ姿がそこにあります。皆さんも、子どもたちがいつのまにか想像以上に育っていたという経験があると思います。

保育者はとりたてて教えた覚えはないのに、なぜ子どもたちは学んだのでしょうか。それを「教え込み型の学び」と「しみ込み型の学び」のモデルから考えてみましょう。

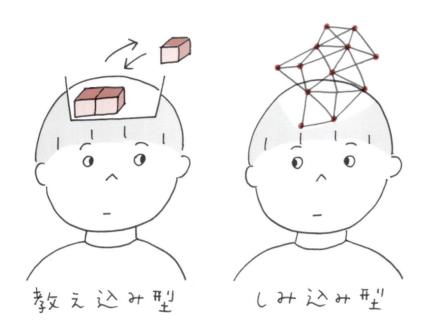

　教え込み型の学びは、これまでに個体能力論的発達観として述べてきたものと重なります。つまり、子どもの脳という容れ物があり、そこに一つひとつの情報を蓄えれば知識や能力が身に付いていき、それらは必要に応じて検索され取り出されるというモデルです。したがって、保育者が新しい知識や能力を教えれば教えるほど、子どもは育つということになります。
　一方、しみ込み型の学びは、情報は一つひとつバラバラに存在するのではなく、ネットワークとして存在すると考えます。そして、子どもは教わった知識や能力を自分の既存のネットワークに結び付けて取り入れ

ようとします。そのとき、うまく結び付けば理解できたことになりますが、結び付かなければ身に付けることはできません。また、保育者からきちんと教わらなくても、子どもが置かれた環境や状況との相互作用によって学びが生じる場合もあります。したがって、しみ込み型の学びでは、教え込み型の学びと異なり、保育者が教えることは、必ずしも子どもが育つ条件にはなりません。

しみ込み型の学びが成立する条件は、たったの2つです。1つは、子ども自身に共同体（クラスや施設）の一員であるという実感があることです。そこには、保育者や友達が大好きで、仲間であるという意識があります。もう1つは、「その場にいて楽しい」という気持ちをもっていることです。自分が置かれたさまざまな環境にある生活や遊びに喜びを感じている状態です。

この条件が整うと、自然と子どもたちの行動が振れ合い、気持ちが通い、考えが伝わるようになります。そして、保育者が教えなくても、子どもたち同士が学び合いながら世界を広げていくのです。

こういったしみ込み型の学びモデルに立てば、保育者がやるべきことは、学びのきっかけをくれる子どもに対する「個別の指導」から、その子どもも含むクラスの子どもたちが所属感をもち、生活や遊びを心から楽しいと思える「全体の空気づくり」へと変化します。

学び合える全体の空気づくりってどうするの？

クラスの子どもたちが学び合える全体の空気づくりを進めるには、どのようにしたらよいのでしょうか。そこで、「全体の空気づくりに有効な方法がどこかにあるはずだ」という考えに至ると、さきほどの卓越した技術（答えのみ）を追求する循環にハマってしまいます。じゃあ、どう考えたらいいのでしょうか。

大切なのは、即効性を求めないことです。全体の空気づくりは、何かをやったらすぐにもたらされるというものではありません。保育者とク

ラスの子どもたちがともに時間をかけながら醸成されるものです。クラス全体で気持ちの通い合う関係性は、保育者が「適当に休みながら、できれば子どもたちといっしょに休みながら、道草もして、うねうねと進む」過程によってゆっくりと作り出されていくのです[*4]。

　子どもを育てるため、子どもたちの関係性をつなぐためといった目的は、合理的な手段によって即座に達成されるものではありません。そこには、散策する気分で、子どもたちととにかく一緒に居続けるという保育者の存在があるのです。合理的な手段を用いるという姿勢ではなく、みんなで生活の営みをともにし、余裕をもって散策する気分でいることが、結果的にしみ込み型の学び合えるクラスを作ることになります。

[*4] 鷲田清一『「聴く」ことの力―臨床哲学試論』261頁、TBSブリタニカ、1999年

学びのきっかけをくれる子どもたちの空気

2

学びのきっかけをくれる子どもの姿は多様です。
クラスを取り巻く空気を例にしながら、
彼らの生活上の特徴を知り、クラス運営に活かします。

1 ‖ 3つの空気

空気は保育者の頑張りだけで作られるものではありません。
ここでは空気を、呼び名、決まり、遊びと規定して考えていきます。

　前章では、学びのきっかけをくれる子どもたちは、就学前施設であたりまえに行われている保育に新しい風を送り込み、それまでの空気を変えてくれる存在であることを述べました。

　保育者は、そういった子どもたちの姿に対して「柔軟な心持ち」で「全体の空気づくり」をすることが求められます。要するに、それまでの空気を入れ替えて、みんなが学び合えるクラスづくりを目指すということです。

　しかし、空気というのは保育者の意識だけで作られるものではありません。さまざまな要因が絡み合って醸成されていくものです。

　そこで本章では、本書で取り上げる学びのきっかけをくれる子どもたちに関して、第3章の事例を読み解く視点として、保育者の「柔軟な心持ち」に影響を与え、「全体の空気づくり」を左右する要因を記したいと思います。

　その空気とは、呼び名の空気、決まりの空気、遊びの空気の3つです。3つの空気が与える影響を考えてみると、皆さんが担当しているクラスの空気がなぜ作られたのか、学びのきっかけをくれる子どもが送り込んだ風を受けて、空気を入れ替えるためには、何を見直せばいいのかが見えてくるでしょう。

　それでは、3つの空気とは何なのか、36頁から詳しくみていきましょう。

2

学びのきっかけをくれる子どもたちの空気

2 「空気」って見えないもの。でも確かにある

3つの空気に規定される施設やクラス。
規定される一方、主体的な動きが全体を変え、保育を変えていきます。

　さまざまな子どもたちと保育者で構成される施設やクラス。その中で起こるたくさんの相互作用によって、全体の空気が作られていきます。ただし、その全体に強く影響を及ぼし、その中にいる人々の認識や行為を縛り、環境をも規定するような空気があります。

　それは、呼び名の空気、決まりの空気、遊びの空気です。「呼び名の空気」とは、学びのきっかけをくれる子どもの特性や家庭環境を端的に名づけた言葉で、その言葉の印象から保育者の認識を規定するものをいいます。「決まりの空気」とは、その子どもがいる施設やクラスにある

呼び名の空気

子どもの特性や家庭環境を
端的に名づけた言葉。
その言葉の印象から、
保育者の認識を規定し、
その認識によって
作られる空気

決まりの空気

子どもがいる施設やクラスにある
明示・非明示化された決まり。
その決まりが保育者や
子どもの認識や行動を
規定することによって
作られる空気

遊びの空気

子どもがいる施設や
クラスで行われる遊びの特質。
その遊びの特質が
子どもたちの参加や楽しみを
規定することによって
作られる空気

明示・非明示化された決まりのことで、保育者や子どもの認識や行動を規定するものです。「遊びの空気」とは、その子どもがいる施設やクラスで行われる遊びの特質で、子どもたちの参加や楽しみ方を規定するものです。

しかし、保育者や子どもたちの認識や行為のすべてが、これらの「空気」に規定されるわけではありません。「空気」に規定される一方で、さまざまなことを自由に感じ、主体的に動く部分もあります。そして、「空気」に規定されない側面が全体の空気に変化を起こし、その変化が集団の相互作用を変え、保育の実践を変えるのです。

学びのきっかけをくれる子どもは、その「空気」に認識や行動が規定されにくいために、自由すぎたり、主体的に動きすぎて問題とされてしまうことがあります。しかしそれは、全体の空気が澱んでいることに対する抵抗なのかもしれません。

2

学びのきっかけをくれる子どもたちの空気

3 | 子どもたちを取り巻く 空気と特徴

それでは、学びのきっかけをくれる子どもたちに影響を与える
空気とその特徴を、子どもの特性から見ていきましょう。

Character 1

自閉症スペクトラム障害の 診断を受けた子ども

自閉症という呼び名により……

　以前は「自閉症」という漢字がもつ印象から、内に閉じこもると認識されていましたが、現在ではそういった理解はほとんどなくなったと思います。

　皆さんはさまざまな書籍や研修で自閉症について学び、正しく理解していることでしょう。その知識が役に立つことは言うまでもありませんが、そこで学んだ言葉が子ども理解に基づく保育の妨げになる場合もあります。

　たとえば、それまで知らなかった障害のことを学ぶと、印象的な言葉が頭に残りやすくなります。自閉症の場合でいえば、「他者の気持ちがわからない」「こだわりが強い」「言葉をそのまま受け取る」などが浮かびます。そういった特性を表す呼び名によって、その子どもを理解する空気が作られてしまうことがあるのです。

特性を示す言葉が子ども理解を制限する!?

　自閉症に伴う言葉は、特性を端的に表したものといえるでしょう。しかし、これらの特性がすべての行動の原因になっているわけではありません。たとえば、次のよう

な呼び名を考えてみましょう。

⇒「相手の立場から物事を考えにくい」から「その場に合った行動がとれない」
⇒「こだわりが強い」から「活動の切り替えができない」
⇒「他者とのコミュニケーションが苦手」だから「友だちと遊びにくい」

　このように、呼び名から大まかに子どもを理解すると保育がきゅうくつになります。「活動の切り替えができない」原因が「こだわりが強い」だけとは限りません。「その活動が魅力的ではなかったから」かもしれません。また、「友だちと遊びにくい」原因が、「他者とのコミュニケーションが苦手」だけとも限らないでしょう。「遊びたい気持ちがもてるような環境になかった」ためかもしれません。

　自閉症の特性を問題行動の原因と捉えずに、あくまで一因であると理解し、障害からの理解でなく、子どもからの理解を深めるようにすべきです。そのようなていねいな理解が子どもの活動を広げ、クラスの活動も広げることにつながります。

POINT

- 特性を表す呼び名が空気を形づくってしまう。
- 自閉症に伴う特性が、子どものすべての行動の要因ではない。

Character 2

注意欠如・多動性障害の診断を受けた子ども

「落ち着きがない」ということ

　注意欠如・多動性障害の子どもは、頭で考えるよりも先に身体が動くことが多いです。そのため、じっとしたり、注意して行動したりするのが苦手で、感情を整理しないままに行動することもよく見られます。

　これらの行動はよく「落ち着きがない」と表現されます。そこで、「落ち着いて話を聞ける環境を作る」ために、周囲にある刺激になりそうなものを減らした上で、やるべきことを伝えるということが大切になります。

　こうした方法は、子どもが落ち着いて行動をするためには有効です。ただし、落ち着いて話を聞ける環境を作っても、子どもはやりたくないことには応じないものです。そのことまで障害を原因にしてしまうと、保育が立ち行かなくなります。

　落ち着いた環境を整えるのは、必要条件に過ぎません。環境を整えても話が伝わらない場合は、障害とは関係なく、その子どもの気持ちに寄り添えていないことによる

でしょう。

遊びでトラブルが起こる

　注意欠如・多動性障害の子どもは、関心の幅が広くいろいろなものにすぐに影響を受けるため、遊びを途中で抜けだしたり、自分勝手なルールを押し付けたりして、他の子どもたちとの間でトラブルを起こす場合があります。

　そこで「遊べない子ども、じゃまをする子ども」という空気が生まれると、ますます他の子どもたちと一緒に遊べなくなります。そうした空気は、自己肯定感を低下させ、他の子どもたちとの関係が悪化し、さらにトラブルが増えるという悪循環を生んでしまいます。

やりたくなる活動や遊びを

　こういった子どもたちの行動は、サインと受け取ることが大切です。途中で遊びを抜け出すのは、その遊びが面白くない方向に進んでいるサイン、自分勝手なルールを押し付けるのは、遊んでいるみんながもっと楽しめるルールが他にもあるというサインといった具合です。

　実際、注意欠如・多動性障害の子どもは、認知的な理解が早くて、保育者や他の子どもたちの言動を把握していることも多いです。そのため、自分勝手なように見えて、他の子どもたちのことを考えて行動していることもあります。

　実はそういったサインが、他の子どもたちも楽しめるような活動のアイデアをたくさん含んでいる場合もあるのです。

= POINT =

● 落ち着いた環境は必要条件。十分条件ではない。

● 問題となる行動は、子どものサインと捉える。

2
学びのきっかけをくれる子どもたちの空気

Character 3
知的障害の診断を受けた子ども

個別に理解できるまで

　知的障害の子どもは、同年齢の子どもに比べて基本的な生活習慣の理解に時間がかかったり、友だちとのコミュニケーションが苦手であったりします。そういった課題から、個別にていねいに対応することが大切です。

　ただし、保育者が日々の日課に追われて余裕がなく、やるべきことがたくさんあってせわしない時期になると、周囲の子どもたちのペースに合わせるため、「あれして」「これして」と一つひとつの行動を先んじて子どもに指示するようなこともあります。

　そういったことが続くと、子どもは保育者の指示を待ってから行動するようになり、自分から考えて行動する姿勢が身に付きにくくなります。

　保育者があせって多くのことを詰め込もうとしても、そのぶん理解が早くなるわけではありません。気持ちがはやるときほど、子どもの気持ちに沿ってゆったりと待ち

ながらていねいに対応することを心がけましょう。

遊びへの参加

　知的障害の子どもは、遊びの中で他の子どもたちが楽しんでいることを感じにくく、遊びのルールが理解しづらいことがあります。

　その際、他の子どもたちが楽しんでいることを無理に伝えたり、ルールをきちんと理解させてから参加させようとすると、全体の遊びが中断して、遊びの空気が変わったり、他の子どもの不満につながることもあります。それでは、互いに楽しい遊びにはなりません。

　ルールを理解してから参加することが大切な遊びもありますが、理解が曖昧なままでもゆるやかに参加でき、やっているうちに楽しくなって、ルールになじんでいくこともあります。

　クラスの子どもたちの空気を読み取って、保育者が教えることと、クラスの子どもたちが楽しんでいる空気の中で、子ども自身が学ぶことの両面を大切にしながら、遊びへの参加を考えましょう。

遊びの空気に乗せる

　こういった子どもたちを遊びに乗せるためには、すべての子どもたちが楽しい気持ちをもてる活動が基本になります。そういった活動の工夫により、楽しい遊びの空気を作ることができれば、子どもたちは何が起きても楽しいノリのいい状態になります。そのような遊びの空気の中で、クラスの子どもたちが楽しむことで、学び合う集団になるのです。

```
┌─ POINT ────────────────────────────┐
│ ● 気持ちだはやるときほど、ゆったりと待つことを心がける。 │
│ ● 遊びのノリに乗せる。                          │
└───────────────────────────────────┘
```

2

学びのきっかけをくれる子どもたちの空気

Character 4
身体の動きに課題のある子ども

運動不足が要因？

　身体の動きに課題のある子どもは、自分の思うように身体を動かしづらい状態にあります。ハサミがうまく使えないといった手指の巧緻性などの課題や、走り方がぎこちないといった全身運動の不得手というように、就学前施設の活動のさまざまな場面で課題が見え隠れします。

　身体の部位に目に見える課題がない場合、単に「運動不足」として理解されることがあります。特に、家庭にいるときに外で遊ばず、室内で遊ぶことが多いと聞くと、そういった理解をしがちです。確かに、身体を動かす経験の不足が一因の場合もあるため、しっかりと身体を動かす活動や遊びを経験させるというのは間違いではないでしょう。しかし、運動不足が解消されれば、動きの課題が解決するだろうと考えるのは早計です。

同じ動きは慣れれば上達するものの、まったく異なる動きになると戸惑ってぎこちなくなるという不器用な子どももいます。全体的な活動量は十分で運動不足は解消されたものの、特定の動きについては課題が解消されないこともあるのです。

身体のスキルによって、結果が見える遊び

　身体の動きに課題のある子どもは、身体のスキルによって、勝敗が明確に決まる遊びや上手か下手かがはっきり見える遊びに苦手意識をもつ場合があります。かけっこなどの競争を伴う活動や、絵を描いたり、何かを作ったりする活動などが考えられます。

　4、5歳児クラスになると、競争が楽しくなり、制作活動などにも得手不得手の意識が高まります。保育者もその点を強調し、勝った人を目立って褒めたり、上手な子どもの作品を紹介する場合があります。しかし、それを目標に頑張ることを促す効果はありますが、頑張ってもうまくいかない子どもにとっては、つらい状況になります。その結果、自信がもてなくて楽しめなかったり、失敗を他の友だちのせいにしたり、遊びを回避しようとする行動が見られる場合もあります。

身体のスキルにかかわりなく楽しめる遊びの発見・工夫

　身体のスキルにかかわりなく楽しめる遊びや、ルールを少し工夫することで身体的なスキルの違いが埋まる遊びの工夫ができます。そういった楽しみ合う空気が生まれやすい遊びに取り組んだり、さりげなくルールを変えるような知恵を活かして、身体を動かすことへの苦手意識を子どもがもたない工夫を考えてみましょう。

POINT

● 運動不足の解消＝動きの課題の解決ではない。

● 身体を動かすことの苦手意識を感じない遊びを発見・工夫する。

Character 5
選択性緘黙の子ども

ある状況下では言葉にならない

　選択性緘黙とは、家庭などでは話すことができるのに、緊張感が高まるような特定の場面・状況では不安により話すことができなくなる疾患のことです。

　そういった子どもは、保育においても特定の場面での緊張によって、思いがうまく言葉にならない状態にあります。世の中には、「きちんと言わないと相手に伝わらない」という暗黙の決まりのようなものがあります。その決まりから、言葉にならない思いを何とか言葉として表出させてあげないといけないという空気が生まれ、保育者のかかわりに影響を及ぼす側面があります。つまり、「言葉が出せるようにしてあげたい」という期待が子どもに過剰に伝わるようなかかわりです。

　しかし、「言葉が出せるようにしてあげたい」という周囲のかかわりが、逆に子どもを苦しめることになります。人前できちんと話さないといけない状況を想像してみてください。誰しもそれなりに緊張することがわかると思います。こういった子どもにとっては、言葉にしてほしいという保育者の期待が過度の緊張に変わってしまうのです。

遊びにとりかかるまでに時間がかかる

　選択性緘黙の子どもは、遊びをするときにもとりかかるまでに時間がかかることがあります。言葉がなく、明確な態度も見えづらいため、その遊びをしたいのかどうか、判断がつきづらいこともありますが、その場に長くいるときには、何かをしたいという意志をもっています。その背中をひと押しするには、子どもが本当にしたいことを見極めて、さりげなく受け入れます。「何をして遊びたいの?」は避けたほうがいい言葉です。

　こういった子どもは、周囲の子どもたちによって作られる遊びの空気に左右されにくく、マイペースで遊びを楽しむことが多いです。他の子どもたちが楽しんでいるからという理由で「○○しよう!」と提案しても、応じないことが多いですが、遊びをやりたくないわけではありません。やりたがっている遊びを探り、ひと押しの方法を考えてみましょう。

きちんと言わなくても伝わる関係性を

　世の中には、きちんと言わなくても相手に伝わるという関係性があります。長く一緒にいてお互いに関心を寄せていれば、全部言わなくても考えていることは何となく感じるという経験は誰もがもっていることだと思います。

　選択性緘黙の子どもに対しては、言葉を出すことをせかす前に、「きちんと言わなくても、この保育者には伝わる」という関係性を築きましょう。そうすれば自ずと言葉が付いてきて、遊びを楽しむ姿が見られるようになります。

POINT

● 周囲の期待が本人を苦しめることに留意する。

● 何をして遊びたいの? は緊張を高める。

2

学びのきっかけをくれる子どもたちの空気

Character 6
虐待の恐れがある子ども

「愛情が不足した子ども」という見方

　虐待の恐れがある子どもは、一般的に自己肯定感が低く、衝動的な行動をとってみたり、友だちとの関係でトラブルを起こしたり、保育者に過度に甘えたりといった行動を示すことがあります。こういった子どもたちに対して、家庭での愛情不足ということを要因と考えると、「しっかりと愛情をもって接する」というのがかかわりの前提になると思います。

　その一方で、こういった行動は、クラスの中で周囲の子どもたちから「目立った行動」として捉えられることが多いです。そのため保育者としては、他の友だちから悪い印象をもたれないようにすることにも苦心することになるでしょう。

　つまり、その子どもに対して愛情をもって接したいけれど、ダメな行動は叱らないと他の子どもたちとの関係上よくないというジレンマを抱えることになります。

決まりを遵守する空気

　虐待の恐れがある子どもは、保護者のルールに縛られて生活しています。中には、子どもにとって理不尽なものもあるかもしれません。そういった中で、園の決まりに過度に反発する姿が見られることがあります。

　保育者が園の決まりを遵守しようとすると、クラスの子どもたちも決まりにうるさくなります。たとえば、「もう片づけの時間やで」「○○くん、それしちゃいかんで」などです。それは望ましい姿でもあります。しかし、保護者から「決まりを守らない」と叱られ続けてきた子どもの立場になると、そういった空気はイライラの募る要因になります。その空気の中でさらに反発が生まれ、決まりを守らない行動が助長されてしまうという悪循環に陥ります。

　「決まりを守らないから決まりを強調する」という態度は、決まりを守れる子どもと守れない子どもを浮かび上がらせてしまいます。その結果、守れない子どもは悪い子どもという印象をもたれてしまうのです。

子どもと一緒に決まりを作っていく

　就学前施設には、子どもが守るべき決まりがたくさんあります。一方で、保育者が守るべき最も大切な決まりは、「子どもたちが今日も生きていてよかったと思える施設にすること」だと思います。保育者が示した決まりに反発が続くようなら、子どもにも譲れない何かしらの引っかかりがあるのでしょう。そういったときは、子どもの気持ちを優先して、その後に子どもと一緒に決まりを考えてみてはどうでしょうか。

POINT

- 周囲の子どもたちの感じ方にも配慮する。
- 決まりありきではなく、子どもの気持ちを優先する。

2

学びのきっかけをくれる子どもたちの空気

Character 7
外国籍家庭で育つ子ども

教えてもらう存在になる

　外国籍家庭で育つ子どもは、保育者や友だちの言葉が理解しにくいという課題があります。そのため、保育者と他の子どもたちに「何とかしてその子どもにわかるように教えなければ」という空気が生まれて、子どもが自ずと「教えてもらう」存在として受け身になりやすいことがあります。

　しかし、常に受け身になるという状態は、子どもにとっては望ましいことではありません。保育の中には、子どもが自ら主体的に行動できる遊びや、言葉がわからなくても周囲の様子を見て何をすればよいかわかる場面もあります。そういった場面でも、逐一誰かに「教えられる」感覚になると、生活を楽しめなくなります。

　「外国籍家庭で育つ子ども」ということで、周囲が過度に教える態度になる空気は避けたいところです。

不適応の要因を「文化の違い」にする

外国籍家庭で育つ子どもと家庭に関連して、「文化の違い」による課題があります。特に基本的な生活習慣に関して、そうした違いを感じることも多いでしょう。ただし、子どもが就学前施設の生活習慣にうまく適応できないときに、その要因を「文化の違いがあるからやむを得ない」で済ませてはいけません。

実際には、文化の違いに対する考え方は家庭によってさまざまです。保護者に聞いてみると、実は日本が大好きで日本の習慣を学ぶことに意欲的で、積極的に取り入れている場合もあります。

一方で、一定期間しか日本には滞在しないので、家庭では母国の文化を中心とするものの、子どもが苦労しない程度に日本の文化にも慣れてほしいという場合もあるでしょう。家庭の考え方によって、「文化の違い」の差も異なるということです。

そのような違いがありながら、子どもの不適応の要因を「文化の違い」で済ませてしまうと、その子どもの発達上の課題や保育の課題が見えなくなってしまうことがあります。

子どもの主体的な姿をクラスで

外国籍家庭で育つ子どもには、言葉はわからなくても力を発揮して、他の子どもたちを引っ張るという姿を引き出してあげたいものです。そういった遊びや保育の知恵は、就学前施設にたくさんあります。

外国籍家庭で育つ子どもの存在をきっかけに、日本の園の決まりを見直し、文化の違いを子どもたちの学びに変えるような工夫を考えてみましょう。

POINT

- 周囲が過度に教える空気を避ける。
- 文化の違いを学びに変える。

Character 8
貧困家庭で育つ子ども

「だらしない保護者の子ども」にしない

　貧困家庭の子どもは、衣服が汚れたままになっていたり、忘れ物が多かったりすることがあります。そういったことから保育者は、その保護者に対して、「親としてやるべきことをやらない」「だらしない」といった印象をもってしまうことがあります。
　そのような印象をもつと、その子どもに生活習慣上の課題がある場合、「保護者がだらしないから仕方ない」と理解して、保育者がいくら頑張っても、結局家庭が変わらないのだから子どもも変わらないという空気になってしまいます。
　保護者は単にだらしないわけではなく、本当ならば子どものためにやってあげたいけれども、さまざまな家庭の事情により、子どものことを後回しにせざるを得ない状況かもしれません。表面的なことから抱いた保護者の印象を、子どもの見方やかかわりに当てはめないようにしましょう。

経験を補う保育

　絶対的貧困*1 と異なり、相対的貧困*2 は目に見えにくい貧困でもあります。その日の衣食住に困っているわけではなく、スマートフォンを持っているし、コンビニエンスストアなどでもよく見かけるといった姿もあるため、そんなに困難な印象を受けない場合もあります。

　しかし実際には、子どもの育ちにかかわることに費用をかける余裕はありません。それにより、子どもの経験が少しずつ制約を受けていきます。たとえば、「休みの日に旅行に行くことができない」「やりたい習い事をすることができない」「誕生日やクリスマスに欲しかったプレゼントがもらえない」など、多くの子どもたちが普通に経験していることができず、不利が蓄積していく状態です。

　就学前施設では、そういった不利を補うためにも、その子どもが加わりたくなる遊びや生活を通して、集団でいると楽しくなる空気をつくることが求められます。子どもの不利を補うには、保育の充実による子どもたちの学び合いが一番です。

普通の生活から

　このように　貧困家庭の子どもたちは生活が安定せず、経験が乏しくなることが多いです。そのため、たくさん寝たら心地よい、歯を磨いたら気持ちいい、友だちと遊んだら楽しい　絵本が面白いなど、子どもたちが普通に感じている生活の価値を見つめなおし、就学前施設の中でかけがえのない時間を過ごせるようにしましょう。

```
─ POINT ─
● 保護者の印象＝子どもの見方にしない。
● 子どもの不利は学び合いで補う。
```

*1 **絶対的貧困**‥‥衣食住のように人としての最低限の生存条件を欠くような貧困のこと。
*2 **相対的貧困**‥‥世帯の所得が、その国の全世帯の所得の中間値の半分に満たない状態のことを意味する。その国の文化水準、生活水準に比して、適正な水準での生活を営むことが困難な状態を意味する。

学びのきっかけをくれる子どもたちがいるクラスの運営

3

前章まで、学びのきっかけをくれる子どもたちの保育で
配慮すべき事柄を考えました。
本章では、筆者が就学前施設への訪問で遭遇した事例から、
彼らのいるクラスの運営について考えます。

1 | 場面からみたクラス運営

実際の保育場面における学びのきっかけをくれる子どもたちの様子から、
クラス運営のヒントを探ります。

イメージを超える子どもたち……遊びを通じて

場面❶

4歳児クラスにダンボールで作った家が置いてある。保育で余ったダンボールをクラスの部屋に置いていたところ、子どもたちがそれを見つけて、家を作り始めたという。子どもたちが中心になって、保育者の支えも受けながら、家らしくみえるカタチにしあげたところである。

場面❷

自由遊びの時間。30名ほどのクラスの半数以上が、ダンボールでできた家の周辺に群がって遊んでいる。子どもたちはさまざまに遊んでいるが、大きく2つのパターンに分けられる。

一つは、家の住人として、おままごとをする、談話するなどをして遊ぶ「ごっこ遊び班」の子どもたちである。もう一つは、家を加工する、あるいは修理することを目的に、描く、貼る、飾る、穴をあけるなどをして遊ぶ「制作班」の子どもたちである。どちらも数人で会話をしながら、イメージを共有しながら遊びを楽しんでいる。

ダンボールの家を作る

ダンボールのお風呂を付ける

場面❸

　そのような中、自閉症の診断を受けているAくんだけ他の子どもたちとは関心の向きが異なっている。Aくんの関心は、自分の身体がきれいに収まる場所を見つけること、近くに置いてあるペットボトルや空き容器などの廃材が転がる場所を探すことである。誰と話をすることもなく、黙々と一人で遊んでいる。

　しばらくすると、Aくんの関心に気づくBくんがいる。制作班の一人だ。Bくんは少し思案する顔を見せた後、ダンボールの家の横にピッタリと身体が収まるような外付けのダンボールを設置する。Aくんがそこに入り、少しして抜け、廃材を転がす方に移る。すると、今度は「ごっこ遊び班」のCちゃんが「お風呂に入ろっと」と言って利用しはじめる。

　Aくんが廃材を転がそうとしている様子に、Dくんが気づく。廃材を手に取り、一緒に転がしだす。また別の「制作班」のEくんが、屋根の上に少し角度を付けて、新しいダンボールで坂を作る。数人が群がり、丸いものだけでなく、平べったい容器などをすべらせてみる子どもも出てくる。廃材の形や重さ、押し出すスピードなど、転がり方を見て試行錯誤している様子がある。

　それぞれの子どもに遊びへの参加の仕方がある。目に見える対話がなくとも、感じ合える集団の中で、それぞれの個性が発揮される。

3 学びのきっかけをくれる子どもたちがいるクラスの運営

「コミュニケーション」のイメージが、
保育者のかかわりに影響を及ぼす

　自閉症の子どもは、他者とのコミュニケーションが苦手。そういうイメージをもつ保育者はたくさんいるでしょう。事例に出てくるAくんも、他の子どもたちと関心の方向性が異なっており、他の子どもたちが集団で遊ぶ中、一人で自分の関心を追求する姿がありました。

　では、「コミュニケーションが苦手」の「コミュニケーション」が意味するところは何でしょうか?

　保育者が望むコミュニケーションのイメージは、みんなで言葉を交わして思いを伝えあいながら楽しく遊ぶ感じでしょうか。それが苦手な自閉症となれば、せっかく同じ場で遊んでいる機会を逃すわけにはいかない。何とか遊んでいる子どもたちのグループに入ってもらいたいと思うのも当然です。

　「ごっこ遊び」と「制作」。この子はどっちだったら入れるだろう。どうやって誘ったらいいだろう。そういう思考に陥ることはありませんか?　では、そこから導き出されたあなたのかかわりは、その子の思いに寄り添っているでしょうか?

発想を出す子ども、カタチにする子ども、活用する子ども

　保育者が無理に促さなくても、子どもたちは言葉もなく感じ合いながら遊びを創っていきます。Aくんは発想を出すのが得意。制作班の子どもたちはカタチにすることが得意。ごっこ遊び班の子どもたちは、カタチあるものを活用するのが得意。それらが織り重なって、遊びを通して集団が形成されていきます。

　保育者が、Aくんのように関心の違いのある子どもの思いを受け取って、みんなに伝えることも支援の一つです。しかし、保育者によって遊びが作られた集団では、クラス全体の遊びは充実しません。子どもたちによって遊びが創られた集団こそ、クラス全体のダイナミズムが生まれ、一人ひとりの思いに沿った全体での遊びにつながっていくのです。

3 学びのきっかけをくれる子どもたちがいるクラスの運営

POINT

- 自閉症のイメージを超えて、子どもを理解する姿勢を。
- 作られた集団ではなく、創られた集団を。主体は子どもたち。

我慢と自己抑制……落ち着きを経験できる環境とは

場面❶

　保育所で、0歳から5歳のすべての子どもたちが園全体を使ってお店屋さんごっこを行う。前半の時間と後半の時間を設けて、売る側と買う側に分かれる。各クラスでお店を開いて、買う側のお客さん役になった子どもたちを呼びこんでいる。3歳未満の子どもたちも全クラスお店を開き、保育者と一緒に遊びに加わる。買い物に出かけるときには、3歳未満児は保育者と、3歳以上児は異年齢でペアを組んで、何を買いに行くか相談している。

場面❷

　売る側を見る。3歳未満児はまだ物を売ることを理解していないが、嬉しそうにやってくるお客に物を渡し、受け取ってもらえることに喜びを感じている。3歳以上児は慣れたもので、5歳児ともなると、時間まぎわにタイムセール10％引きのお知らせをしている。お客さんに「お似合いですね〜」と応じている。

　買う側を見る。3歳未満児は渡す側から受け取る側、視点を変えて経験する。3歳以上児はペアの特徴がはっきり見える。片方の子どもがグイグイ引っ張っていくペア、年齢が上の子どもが下の子どもの意見をじっくり聞くペア、二人で立ち止まってどこに行くか悩むペア、組み合わせによってさまざまである。

　子どもたちは、いつも使っている部屋が違うお店になっていることにも喜びを感じている様子である。施設の全園児、全職員が参加して遊ぶお店屋さんごっこであるため、保育者の準備はたいへんだったことが想像されるが、その準備に応えるように、すべての子どもたちが笑顔いっぱいで売り買いを楽しんでいる。

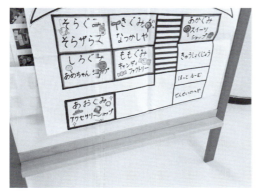
お店屋さんごっこの配置図

配置図の前でどこに行くか話し合う

場面❸

　気が散りやすく、集中しにくいというAくんがいる。保育所内が活気であふれ、人でいっぱいになる中、「歩いてください」という保育者の声に素直に応じている。また、騒々しい中でもペアになっている子どもだけは見失わずに、しっかり手をつないで相談している。

　ペアになっている子どもたちの間で、トラブルは一切ない。保育者が組み合わせをきちんと考えていることもあるだろうが、この活動が楽しいということが伝わってくる。Aくんは、嫌なことを我慢するのは苦手なようだが、好きなことを楽しむために自己抑制するのは得意である。

　Aくんの関心がない活動で我慢を強いるのではなく、Aくんが「やりたい」という気持ちをもっている遊びのときに見せる自己抑制の姿を支えて認めてあげたいと思う。

注意欠如・多動性障害のイメージと子どもの実際

　注意欠如・多動性障害の特性を端的に表す言葉として、「落ち着きがない」「気が散りやすい」「集中できない」といったものが使われます。これらは便利な言葉ですが、それによって子どもの理解が単純化されてしまうという落とし穴があります。何かその子どもの課題が見えたときに、「気が散りやすい子だから」「集中しづらい子だから」と要因を決めつけてしまうのです。

　実際のその子どもの内面を想像すると、捉え方は変わります。「気が散りやすい」という状態をとってみても、❶置かれている環境が「不愉快」だから落ち着きがなくなり、気が散る状態と、❷置かれている環境が「楽しすぎる」から落ち着きがなくなり、気が散る状態では、まるで理解は異なります。

　どちらであっても、子どもにはありがちなことです。❶の場合、子どもは指示を受けても我慢しづらいです。❷の場合、子どもは指示を受けて自己抑制しようとします。目指すべきは❷でしょう。

自己抑制を我慢につなげる

　自己抑制は、自分のしたことが少し先の未来の楽しい遊びにつながるという経験をもとに育まれます。この経験を積み重ねると、たとえ不愉快な場面でも、我慢すれば楽しいことが待っているんじゃないかという体感が生まれます。しかし、そういった積み重ねがないままに、不愉快なことを我慢することばかり経験すると、不愉快なことをさせられるという不満が募り、我慢を避けようとしたり、他の事柄を考えるようになります。

　事例のAくんに見られるように、まずは楽しい遊びの中での自己抑制を積み重ね、それを認めてもらえる経験をすることが大切です。その経験の中で、保育者が我慢を強いる存在ではなく、楽しい遊びの中での自己抑制を認めてくれる存在になります。そして、子どもは自分を認めてくれる保育者の存在を支えにして、いずれは嫌なことでも先生がいるならば我慢しようという気持ちをもつことができます。そういった経験が、子どもに我慢することの意味を感じさせてくれるのです。

POINT

- 落ち着きのない子どもには、まず自分が落ち着いて子どもの気持ちを想像する。
- 「自己抑制」の経験を重ねるには、楽しい遊びから。

子どもの自信を育てるプロセス

場面 ❶

　自由遊びの時間に、Aくん(5歳児)が何やら紙に向かって書いている。何かが気になるのか、周囲をチラチラと見ながらちょっとずつ進めている。ゆっくりと後ろから近づいてみると、背後にいる私に気づいた様子である。しかし、こちらを振り向くそぶりはない。書いているものが見られないように右手で隠そうとする。

場面 ❷

　唐突に保育者が「Aくん、何描っきょん？」と声をかける。その瞬間、描いていたものを机の下に隠そうとする。保育者に「見せて〜」と言われて、恐る恐る出した瞬間、他の子どもたちが寄ってきて関心を示す。自作のすごろくを描いていたらしい。集まってきた子どもたちが質問を浴びせ、「面白そう」「私も作りたい」などと口々に感想を言ってくれる。

右手で隠そうとするAくん

関心をもって集まる子どもたち

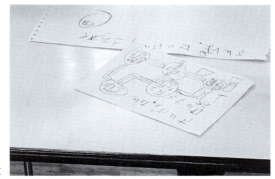

Aくんの描いたすごろく

場面❸

　保育者がその場を離れると、Aくんは再び描き始める。他の子どもたちは留まり、何を描くのか興味津々で、その様子をじっと見ている。心なしか最初に右手で隠していた紙の範囲よりも、隠す部分が小さくなっている。

　一つのすごろくを完成させた後、その場から離れていた保育者が戻ってきて、一回り大きい紙を渡す。今度は右手で隠すことなく、堂々と大きいすごろくを作り出す。周りの子どもたちも、保育者に「私も紙ちょうだい」と言い、真似をしながら別のすごろくを作り始める。Aくんがその子たちの相談相手になりながら、マス目の内容をどうするのか楽しそうに話している。

　最初に作ったすごろくの話を聞いてみる。すると、得意げにマス目の説明やワープがあることなどを話してくれた。そこには、書いたものを隠そうとしていた姿はもう見られなかった。

「決まり」に敏感な子ども

　保育者の話では、Aくんは厳格な家庭に育ち、周りと比べて自分が違うことをするのを嫌がり、普段から自信なさげに生活しているということでした。ただし、発想は豊かで目を見張るものがあるため、何とかクラスに広げられないかと保育者は日頃から思っていたそうです。そして、これを機に次の日はクラスですごろくづくりに挑戦

してみるとのことです。

　Ａくんのような子どもは、「決まり」に敏感です。たとえば、何かをやろうとするたびに逐一保育者にしてもいいか確認するような子どもは、保育者の「決まり」からはみ出したら叱られるという意識を強くもっていると考えられます。保育者が言葉にしていなくても、どこかに「決まり」があるかもしれないという恐れから、判断を付けられないこともあります。

　子どもがやりたいことを素直にできるようにするためには、保育者自身が「決まり」を押し付ける空気にしていないか気を付ける必要があります。特に、子どもたちにはっきりと伝えてはいないけれど、何となく自分がもっている暗黙の決まりについて見直すことが大切です。

自信を自己発揮に変えるために

　Ａくんは、保育者と他の子どもたちがすごろくに関心を示した様子を受けて、みるみるうちに自信をもってすごろくづくりに取り組み始めたように見えました。さらに、保育者からもう一回り大きい紙を渡されたことが後押しをしています。

　自信がつくと自己発揮できるようになると考えがちですが、そんなに単純ではありません。自信がつくことでその子どもが得られるのは、行動に選択の余地が生まれるところまでです（これができたのだから、違うこともやってみたい）。そこに保育者が選択肢を広げる支援を一押ししてあげると（あれもこれもやっていいんだよ）、さまざまな遊びの中でその子どもらしさが発揮されるようになります。

　そのような好循環の中で経験を積み重ねるプロセスが、自己発揮といえます。そして、そういった経験を積み重ねた子どもたちは、いずれ自ら選択肢を広げ、自分の未来を拓いていくのでしょう。

POINT

- 敏感な子どもは、保育者の何気ない言動に「決まり」を感じる。
- 遊びの選択肢の提示が、子どもの自己発揮につながる。

声にならない声を聴く

場面❶

　蒸し暑い陽気の中で、3歳以上の10数名が一緒に砂場で遊んでいる。たくさんの道具に加えて、水を好きなだけ投入してダイナミックに遊び、楽しそうにあちらこちらで子どもたちの歓声があがっている。

　そんな中、道具を置いたカゴの前で、砂場を背にして「漏斗」を持って黙って佇んでいるAくん（3歳児）がいる。まったく動かないままじっとしているが、頭はフル回転しているような表情をしている。別のクラスの保育者が、「Aくん、水いれよっか」と言っても、一言も発しない。目線をやるだけで、まったく動く気配がない。選択性緘黙のような印象を受ける。

場面❷

　筆者が、Aくんが持っている漏斗と異なる大きさのものを2つ持って近づいてみる。こちらをチラッと見るが、すぐに目を伏せる。少し間をおいた後、黙って一つの漏斗を差し出してみると、Aくんも黙って手に取り、元々持っていた漏斗と手元で重ね合わせようとする。遊ぶ意思はもっているのだとわかる。

　Aくんがひとしきり試したところで、もう一つの漏斗も差し出してみる。すると、今度は3つの漏斗を重ね合わせてから、穴を覗いて何かを確認するようなしぐさをみせる。

　表情が変わらないため、表面的には遊ぶ意欲があることを読み取りにくいが、漏斗を使って砂場でいろいろと試したい気持ちが高まっているようにみえる。もう少しで遊びに向かうような感じを受ける。

砂場をじっと眺めるAくん

スペースに入り遊びはじめるAくん

場面❸

　そこからようやくAくんの体勢が砂場のほうを向く。今度は、5歳児クラスの子どもたちがしている遊びをしばらく眺めている。

　砂場遊びが終わる間近になったところで、ようやく移動を開始する。担任保育者のそばに行く。まだ経験年数の浅い若い保育者だが、落ち着いた雰囲気で対応する。声を発することなく、柔らかなまなざしで自然と受け入れる姿勢である。

　すると、Aくんが砂場に一歩踏み出し、保育者に手を伸ばす。保育者はそのタイミングに合わせて、Aくん一人が入れるスペースを空ける。Aくんはそのスペースに収まり、ゆっくりと砂遊びを始める。言葉のやりとりは一切ない。しかしそこには、豊かなコミュニケーションがある。

言葉にしなくてもよい安心感

　集団の中で自分の思いを言葉にしづらい子どもの事例です。Aくんは家庭ではよく話し、元気よく遊んでいるそうです。ところが、幼稚園に来ると話さなくなり、活動の時にも固まって動けなくなることもあるといいます。

　Aくんに対して、担任の保育者は言葉で促すことをしませんでした。保育が終わった後の話し合いで、「声をかけたくならないんですか？」と尋ねてみました。すると、

声をかけようとすると、ついつい何かをさせようとしたり、何がしたいのかを尋ねたりして、緊張感を与えてしまうため、言葉にするのをやめたとのことです。

子どもの背中を押す方法は、言葉以外にもたくさんあります。「自分には意思がある。でも言葉にできるほどの安心感はまだない」という子どもには、「言葉にしなくても、あなたの思っていることを私は感じているよ」というメッセージを、言葉以外のしぐさや表情で伝えてあげましょう。

コミュニケーションの本質は相手を理解しようとする気持ち

家庭では元気だけど、施設ではおとなしくなる子どもに関して、「慣れるまで時間がかかる」という広い理解をすることがあります。選択性緘黙についても、その呼び名によって生まれる空気から「慣れるまであせらずに待つ」のが大切であることは理解されているでしょう。

ただし、そういった子どもたちがどういう過程を経て「慣れる」のかははっきりわかっていません。保育者は「あせらずに待つ」ことが大切といっても、「言葉が出るのを待つ」という意識でいると、言葉の表出に対する保育者の期待が、子どもの緊張につながる場合もあります。

コミュニケーションの本質は、相手を理解しようとする気持ちです。子どもは必死で保育者や友だちのことを理解しようとしています。でも、よくわからないから緊張してしまうのです。保育者も「言葉を発してほしい」という期待を抱く前に、「言葉がなくてもあなたのことを理解したい」という気持ちをもつことが大切です。

「言葉にしないと考えていることは相手に伝わらない」というのはよく言われることですが、「言葉がなくても考えていることはなんとなくわかる」という関係性が、結果的に言葉を生むのです。

POINT

- 選択性緘黙の子どもにとって、保育者の質問や提案は、詰問や強制になる。
- 言葉への期待は、子どもの緊張につながる。

3

学びのきっかけをくれる子どもたちがいるクラスの運営

069

参加のカタチ……それぞれの意欲に合わせて

場面❶

　6名の5歳男児が、3対3の二チームに分かれてサッカーをしている。おなじみのメンバーなのだろう。子どもたちは友だちのやりたいことや得意なことを理解しているようで、自分のすべき役割を考えて、それぞれが判断し、チームが勝つために何ができるかを楽しんでプレーしているようである。

場面❷

　しばらくサッカーの様子を見ていると、少し距離を置いたところに机が置いてあり、同じ色の帽子をかぶったAくんが熱心にサッカーを観ていることに気づく。
　近づいてみると、机の上に置いた紙に何やら書いている。Aくんに「サッカー見とん?」と筆者が尋ねると、「得点を付けとる」と答える。続けて、「一緒にしないんや?」と聞いてみると、「今はそのときじゃない」という。自分がサッカーをするときはいつなのかを判断しているらしい。

サッカーを観るAくん

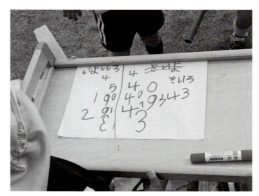

Aくんが書いた得点表

場面❸

　Aくんがいつサッカーを始めるのかが気になり見ていると、片方のチームがゴールを決めた。すると得点を決めたBくんが嬉しそうに寄ってきて、「点入ったよ」と伝えている。得点を付けていたAくんが、「うん、書いたよ」と応じる。結局、その日は一度もプレーには加わらず、審判役のままで、その時間を終える。

　しかし、終わった後の表情には自分の役割を全うした充実感が漂っている。サッカーをしていた子どもたちと話しながら、クラスに戻っていく。その日、Aくんにとってサッカーに参加するとは、プレーすることではなかったのだろう。

「一緒に」は同じことをするだけではない

　傍で見ていて、「せっかくその場にいるのだから一緒にやったらいいのに」と思った光景でした。しかし、それは大人の発想であったことに気づかされました。Aくんにとっては、プレーしなくても一緒にサッカーをしていたのです。

　Aくんの横に座ってあれこれ話をしていると、しばらくして「サッカーはまだ得意じゃない」と言ってくれました。「今はそのときじゃない」というのは、そういう意味が含まれていたのです。「今はまだ」だけど、いずれは一緒にサッカーをしたい。でも、友だちの様子を眺めているだけではつまらない。だから、審判をしながら友だちの様子を見て、自分がサッカーをするイメージを膨らませていたのです。

　後日話を聞いたところ、Aくんは一緒にサッカーをし始めたそうです。子どもも遊びを見守りたいときがあり、それは単にうまく仲間入りできないからといった理由だけではないことがわかりました。この日、誰よりもサッカーに没頭していたのは、実はAくんだったのかもしれません。

環境を大胆に入れ替える

　Aくんが審判役をできたのは、部屋から机を引っ張り出してきた保育者の支えによるところが大きいです。部屋のものをグラウンドに出すというのは、出来そうでいて

実はなかなか難しいことです。それには、何となく部屋にあるものは部屋で使うもの、グラウンドのものはグラウンドで使うものという非明示化された「決まり」があるからです。

この決まりに縛られていない施設では、遊びに必要となれば、子どもが自ら部屋の中のものを外に持っていきますし、外のものを部屋の中に自由に持ち込みます。一方、そういう決まりに縛られたところでは、子どもたちは最初からそういう発想すら持ちません。

子どもたちの遊びが発展しない、発想が出てこないという園では、保育者自身が決まりに縛られずに大胆に環境を入れ替えることを考えてみましょう。

POINT

- 参加のカタチは人それぞれ。
- 大胆に変えるには、まず保育者の意識から。

「肯定的な特別扱い」による
子どもたちの関係の変化

場面❶

　Aくん（5歳児）は母親の精神疾患が主な要因となり、家庭での養育が成り立たず、表情がなく目が虚ろである。何の脈絡もなく机の上の花瓶や物をなぎ倒して壊すなどしている。保育者としては、他の子どもたちと変わらず、平等にかかわり、クラスの仲間として一緒に活動に参加してほしいという思いがある。

　しかし、全体の活動に加わることは難しく、時折加わっても何をするかわからないので、先生は警戒し、他の子どもたちはおびえている様子だった。加配の保育者が静かに辛抱強く寄り添っていたこと、制作が得意であることがAくんを支えていた。

場面❷

　筆者と保育者でどういった支援をするかを話し合う。やはりAくんの得意なことをきっかけにしたいと確認する。そこで、Aくんの得意なことを活かすために、幼稚園の空き部屋を活用して、Aくんのためのアトリエを作ったらどうかと伝えた。

　Aくんは幼稚園にいる間、思う存分そこで制作をすればいい。ただし、作ったものは写真で撮り、作品集としてまとめることにする。そして、その作品集を他の子どもたちと共有することで、Aくんが孤立しないようにする。さらに、子育て支援にも活用するため、保護者にも見せて連携をとることを提案した。

3

学びのきっかけをくれる子どもたちがいるクラスの運営

Aくんのアトリエと折り紙。Bちゃんも一緒

作品集。父親のコメント

場面❸

　5か月後、アトリエを空き部屋とクラスの一角に作っていた。そこには、Aくんが作った折り紙が大量に貼られていた。また、作品集は家族にも見せており、その作品を見た父親からのコメントが載っていた。
　アトリエには、関心をもった3歳のBちゃんも入って遊んでいた。Aくんが入ることを許したらしい。その後に行われた生活発表会にも、自らの意志で参加したという。5か月前とは表情がまるっきり違っていた。Aくんにとって、幼稚園が居場所になっている様子が感じられた。

特別扱いを差別にしない

　一人のためだけにスペースを割くことに対して、一人だけ特別扱いをしてもいいのか、という指摘もあると思います。しかし、Aくんはすでに他の子どもたちから特別な存在に見えていました。怖い子ども、保育者を困らせる子どもとして、極めて否定的な意味で特別な存在だったといえます。
　そういう状態では「特別扱いしない」という方針で平等な決まりを適用しても、誰のためにもなりません。Aくんの状態は変わらず、保育者は疲弊し、他の子どもたちは悪い子を排除する意識をもったまま、時間が過ぎていくだけではないでしょうか。

この場合、肯定的な特別扱いをすることは、Aくんのためだけではありません。保育者がその子の良さを認めようとする。それを見た他の子どもたちも自分も認めてもらえるという期待をもてる。そうして、クラスがいい方向に進むのです。集団の中で子どもを育てるという保育者の覚悟が現れた事例でした。

「インクルージョン」から生まれる空気

　インクルージョンの理念により、障害のある子どももない子どもも同じ場で学ぶことの重要性が広く理解されています。しかし、それを実現するのは容易ではありません。結果として、「インクルージョン＝平等に扱う＝とりあえず同じ場にいられるようにする」という表面的な理解に縛られる保育者も多いようです。

　しかし、同じ場にいることでやりにくさを感じ、すべての子どもの学びにつながらない場合もあります。加えて、同じ場にいても充実しない状態にあせってしまうと、「みんなが一緒に」の意識がより強くなってしまいます。

　インクルージョンの本質は、みんなが共にいて、みんなが充実して遊び、学べているということです。「みんなが共にいる」というのは、物理的な場所を共にするということに留まりません。同じ場にいても、お互いに関心を向けていなければインクルージョンではありません。

　違う場所にいて違う活動をしていても、心理的に「一緒にいる」とお互いが感じていれば、学び合う関係が構築されて、みんなが学べるようになるのです。つまり、インクルージョンとは、それぞれに学びの場があり、お互いに関心を向け合っている状態といえます。

子どもたち同士をさらにつなげるために

　それぞれの学びの場が充実していれば、特別扱いをしても不満は出ません。むしろ、それまで否定的な印象をもたれていた子どもに対して、肯定的な特別扱いをすると、その子どもの良いところに関心が向き、新たな学びの機会になります。その子どもだけでなく、すべての子どもたちの学び合う関係が生まれるのです。たとえば、施

設やクラスにAくんの作品を飾る、またはAくんに了解を取り、アトリエに他の子どもたちの作品も飾る、集団活動のときにAくんの作品を紹介し、それ以外にもAくんの良いところを紹介するなど、相互の関心が高まる工夫をすることによって、子どもたち同士が肯定的な関心を持ち合い、集団の中での学びが促されることが考えられます。

POINT
- 得意なことは、積極的に特別扱いする。
- インクルージョンとは、みんなが充実しているクラスを作ること。

仲間入りの決まりによる排除の構図

場面❶

　園庭で4歳児、5歳児、保育者1名（計15名程度）が2チームに分かれて、楽しそうにドッジボールをしている。何回か経験しているのだろう。ルールやメンバー構成などで揉めることもなく、落ち着いた様子で遊びが進んでいく。

　その近くに、4歳のAくんがいる。自転車に乗っているが、それよりもドッジボールに関心があるようで、コートの周辺を動きながらドッジボールの様子を眺めている。何回も立ち止まって、角度を変えて眺める。いかにもドッジボールに入りたそうにしている。

場面❷

　しばらく周辺でドッジボールを眺めた後、コートの脇に自転車を停めて、ドッジボールに加わる姿勢を見せる。初めからドッジボールに加わっていた保育者から、「そこに停めたら危ないからあっちに停めてくれる？」と言われて、自転車を押して移動する。

　すると、このタイミングでやってきた別の保育者からすれ違いざまに「自転車はあっちでやると楽しいよ」と少し遠くの坂を指さされ、どうしようか困った様子でその場に立ち止まる。

　すれ違った保育者は、そのままドッジボールの場に行き、「入れて」と言ってドッジボールの輪に加わった。そこで、Aくんはいよいよドッジボールに入るタイミングを失う。少しドッジボールの様子を眺めた後、諦めて自転車に乗り、楽しむわけでもなく、時間をつぶしている。寂しそうな背中である。

場面❸

　その様子を見て、筆者がAくんに「ドッジボールやらんの？」と声を掛けてみる。「やらん！」と一言。怒っている。そうしているうちに、自由遊びの時間が終わってしまう。子どもたちは、それぞれに自分が遊んでいた場所の片づけを進める。ドッジボールをしていた子どもたちも充実の表情を浮かべて、保育者と一緒に話をしながら切り上げる。

　一方、Aくんは自転車置き場に向かい、自転車を片づけた後で一人部屋に帰る。充実感をもてぬまま、午前中の活動を終えた様子だった。

角度を変えて何度もドッジボールを眺めるAくん

関心を参加に移すまで

　Aくんはドッジボールに関心をもって、周囲を動いて様子を眺めながら気持ちを高めていったことが読み取れます。その心中を察すると、さまざまな気持ちが渦巻いていたのではないかと思います。「○○くん、うまいなぁ」「こっちのチームのほうが強そうだ」「逃げてばっかりだと面白くないよ」「今、当てるチャンスがあったのに」「先生ずるい」などなど…。

　そういった関心は、ドッジボールに対する観客としての立ち位置からのものです。しかしそれは、いずれ自分を主体としたものに変わります。「僕もボール投げたいな」「あっちのチームに入りたい」「僕だったら当てられるのに」というように、外から眺めていた活動に自分が入り込んでいく感覚です。

　外からの関心が内からの関心へと変わったときこそ、その子どもが活動に参加する準備が整った瞬間です。事例では、Aくんが自転車を停めたときがサインでした。それを待ち、さらに保育者がサインを受け取ることで、子どもの参加が促されます。

決まりが良くも悪くも子どもに影響する

　保育者が言っていることを整理すると、「ドッジボールのコートの近くに、モノを置いてはいけない」「自転車遊びは、あっちの坂でやりましょう」「遊びに加わるときには、自分から『入れて』と言いましょう」というものです。これらは、幼稚園で守られる「決まり」だと思われます。子どもたちの安全を考えれば大切な決まりでもありますが、最後の決まりが必要かどうかは意見が分かれるところかもしれません。

　前の2つの決まりがあって良かったのは、子どもたちが安心して遊びに取り組むことができたことです。では、最後の決まりはどうでしょうか。これは、「遊びたい意思を自分から表出できる」という子どもの育ちを支えることになるでしょう。しかし、この決まりによって、「子どもが自分で言うのを待つ」ことになれば、「他の子どもたちから遊びに誘う言葉を失わせる」という影響も生まれます。

　事例では、子どもたちからAくんをドッジボールに誘う言葉が出なかったことが残念でした。子どもたちが遊びに誘い合う姿こそ大切だったのではないでしょうか。

POINT

- 子どもの関心の移行を見逃さない。
- クラスづくりにつながる決まりを。

子どもの行動と場の関係……どちらを変えるのか

場面❶

　冬の寒い朝。子どもたちの登園後、最初の出会いは氷だ。氷ができることを予想して、保育者が前日から準備をしておいたものである。タライで作ったまんまるの大きな氷、プリンの空き容器にできた氷、水たまりにできた自然の氷、さまざまな大きさの氷に感動する様子が見られる。子どもたちは冷たいことや透明であることに反応し、いろんな扱い方を試している。

場面❷

　Aくんが手を滑らせて、氷を落として割ってしまった。すると、その氷のかけらを水に浸して、溶ける過程を感じている。その様子を見ていたBくん（5歳）が少し大きめの氷のかけらを部屋に持って入り、独楽を回す板の上に置く。Bくんのテーマは「氷の上で独楽を回したらどうなるのか」のようだ。

手を滑らせて氷を割ってしまったAくん

氷の上で独楽を回す子どもたち

場面❸

　氷と独楽を組み合わせた実験は、子どもたちには魅力的な発想だ。数人が集まり、すかさず試してみる。そのうち、独楽が氷の上に落ちて割れる。何度も繰り返す。次に割れたかけらを積み重ねて、そこを狙ってみる。豊かな思考で氷の変化を楽しむ。

　それを繰り返しているうちに、氷が溶けて独楽の板とその近くの床が水浸しになる。保育者はどうしようか戸惑いながらも、それらを雑巾で拭くように子どもたちを誘導する。子どもたちはまだ実験を続けたい様子だが、仕方なく水浸しの床を拭く。

　拭いているうちに遊びの時間が終わり、消化不良のままで実験を終える。まだ試したいようだが、次にそれが許されるかはわからない。

子どもの行動を変えるか、場を変えるか？

　保育が終わった後、保育者と話をしました。保育者は独楽で氷を割ってみたいという発想に直観的に「面白い」と感じて、目を見張ったといいます。しかしその後、部屋の中が濡れてしまうことに気付いて、どこまで許すのかという葛藤を感じたそうです。

　そのような気持ちの中で、実際には子どもたちが実験することを容認しましたが、結果的に想像以上に水浸しになったため、中途半端に終わったといいます。そして、「子どもたちにどこまで認めればよかったのだろう」という反省の弁が聞かれました。

　こういった葛藤は、既存の決まりや保育者のもつ常識に抗う発想をする「学びのきっかけをくれる子ども」と対面したときに生じます。具体的な言葉にすると、ある行動に関して「この場に合った行動として認めていいものか」、もしくは「この場に合った行動に変えていくためにどのように援助すべきか」となります。

　最も簡単な解は、今の決まりの中で、適切な行動を伝えることです。事例でいえば、「部屋の中に氷を持ってきてはいけません」。しかし、子どもの遊びは、それを破ってこそ面白くなりますし、学びも深まります。

子どもの行動を変えるには、子どもの気持ちも同時に変えなければなりません。せっかく子どもたちに試してみたい気持ちが芽生えているのに、それを認めないというのも残念です。ここでは、保育者は直観的に「面白い」と感じています。つまり、続けてみたら子どもたちの遊びが深まりそうと感じていたのです。

　そういうときは、問いを変換するのが有効な場合があります。ここでいえば、「この行動に合った場はどのようにしたら作れるか」です。たとえば、部屋が水浸しになってしまうのがダメな決まりがあるなら、「独楽を外に持っていってやったらどう？」と言ってみたらどうでしょうか。氷は外であればどれだけ割ってもよいでしょう。それならば、子どもたちは思う存分実験ができます。

　子どもの行動を場に合わせるか、場を子どもの行動に合わせるか。子どもの遊びの面白さを知っている保育者は、後者の発想に立てるでしょう。

POINT
- 子どもの実験心をくすぐるかかわりを。
- 子どもの気持ちを抑えるよりも、場を変える。

関心の波紋が遊びの賑わいへ

場面❶

　冬の寒い朝。4歳のAくんとBくんがバケツに氷が張っているかどうか、木の枝を刺して確かめている。ひとしきり試した後、園庭の端にある蛇口に向かう。「氷出るかな」と言いながら、蛇口を捻り、待つ。氷が出てくるかどうか、わくわくした表情で見ているが、残念ながら水である。「氷でんかった〜」という声に反応する子どもが出てくる。

　そのうち、子どもたちが集まってきて、どの場所に氷があるか、それまでの経験から想像して、口々に予想を言い始める。さまざまな場所が提案され、ほどなくして、数名の子どもたちで氷探しの探検が始まる。子どもたちの意欲が一気に高まった様子がわかる。

バケツに木の枝を刺しているAくんんとBくん

蛇口から氷が出てくるか眺める子ども

場面 ❷

　探検に加わった4歳児数名で、普段はあまり遊ぶことのない園庭の端っこにある池に向かう。そこで薄く大きな氷が張っているのに出会う。初めは手で触ってみる。「冷たい」と言いながら、繊細な氷が割れないように大切に持つ。

　すると、Cくんがスコップを持ってくると言い、砂場のほうに走っていく。小さいスコップかと思いきや、大きいスコップだ。池の氷を何度も掬う。

　他の子どもたちもスコップを持ってきて掬いだす。池のどこに氷があるか考えて、意見交換しながら続ける。別の子どもがバケツを持ってきて、取れた氷を入れる。気づくと10人以上集まり、自由時間が終わるまで遊んでいる。

上左：氷を手で触るCくん
上右：スコップを持ってくるCくん
下左：スコップで掬った氷を見せるCくん
下右：氷を掬う子どもたち

3　学びのきっかけをくれる子どもたちがいるクラスの運営

クラスづくりと賑わう遊び

　AくんとBくんから生まれた氷への関心が、子どもたちのそれぞれの経験につながり、波紋のように広がった事例です。

　「賑わう」遊びは持続性が高く、さまざまな子どもたちがかかわるきっかけを作ってくれます。遊びの賑わいは「見る－見られる」関係によって成り立ちます。つまり、ある子どもが遊びの賑わいに気づき見ていると、その遊びにいる子どもたちは見られることで気持ちが高まり、盛り上がるという状態です。その賑わいを見た子どもも参加して、さらに賑わいの輪が広がります。それを繰り返して遊びが広がります。

　賑わいのある遊びの多くは、人目に付きやすいところで行われるという場の条件も伴っています。この池は人目に付きにくい場所でしたが、スコップを砂場から持ってきたことで、砂場にいた子どもたちが加わって賑わいを増しました。

賑わいを作るために:自然の素材を活用

　事例では、「氷」というモノの条件も賑わいに一役買ったと思います。こういった期間限定のモノに魅力を感じるのは、大人も子どもも一緒のようです。季節に規定される自然の素材は、独特の遊びの空気を作ります。「その時期を逃すとしばらく遊べない」という感覚は、子どもたちも持っています。そのため、集まる子どもたちが多くなり、見る－見られる関係が広がり、賑わいをもたらすことになります。

　草花や虫、木の実など、その季節にしかお目にかかれない環境に子どもが関心をもっているならば、クラスづくりのチャンスは広がります。そういった自然の素材を活用し、見る－見られる関係を作り、クラスの子どもたちの賑わいからクラスづくりを考えてみましょう。

POINT

● 遊びの賑わいをクラスづくりに。

● 期間限定のモノを活用。

モノが先かヒトが先か……子どもたちが寄せられてくる

場面❶

　5歳児が数名集まり、部屋を出た傍らのウッドデッキでお祭りごっこをしている。お揃いのハチマチをして、イメージを膨らませながら制作をして準備を進めている。

　それぞれに別々の屋台を作りたいようで、一人ひとりで作業をしている。すると、ある子どもがお祭りの雰囲気を出すためにラジカセを持ってきて、ウッドデッキの横で音楽を鳴らし始める。

場面❷

　数分後、その音楽をみんなに聞かせればお祭りに来てくれるのではないかとの案で、ラジカセを持って移動し、3歳児、4歳児の部屋のほうにスピーカーを向けて、みんなに聞こえるように設置する。しかし、子どもたちの反応はない。

　その位置にお店を出すために、お祭りごっこに参加していた5歳児が全員で机を運び、3歳児、4歳児の部屋の間のスペースでお祭りごっこの準備を始める。りんごあめ、たこやき、金魚すくいなど、定番の屋台を出して、商品を作りながらお客さんを呼び込んでいる。

　すると、その空気に引き寄せられるように、3歳児が関心を向けて、お祭りごっこを遠巻きに眺めはじめる。4歳児も数名が関心を向けて、近くを行ったり来たりしている。楽しそうな遊びが始まりそうだという予感があるのだろう。子どもたちの期待が高まり、ソワソワしている様子が見られる。

上左：ラジカセで音楽を鳴らす
上右：机を移動する
中左：遠巻きに眺める3歳児
中右：りんごあめをもらって担任に知らせる
下左：お客さんが増える
下右：踊りがはじまる

場面❸

　他の3歳児や4歳児が参加していいものか躊躇<ruby>躇<rt>ちゅうちょ</rt></ruby>している中、ちょっと気になる子どもだというAくんが、何のためらいもなく一人でお客として屋台を訪れる。ようやく来たお客さんに喜んであれやこれやと薦める5歳児がいる。

　それを皮切りにお客の子どもたちの数が増えていく。3歳児クラスの保育者も参加して、子どもと一緒に買い物をする。3歳児はりんごあめをもらって嬉しそうに保育者に見せ、職員室の事務員にも見せに行く。

　そのうち、段ボールを太鼓に見立てて、音楽に合わせて叩きだす子どもが出てくる。5歳児を中心に踊りの輪ができて、子どもたちと複数の保育者が一緒に踊りだし、いよいよお祭りの様相を帯びてくる。

「自分もみんなも楽しみたい」から生まれる遊びの空気

　お祭りごっこは、どこの施設でも行われている遊びだと思います。よく見かけるのは、お祭りごっこを行う日を事前に決めておき、その日に向けてクラスで話し合い、どんなお店をどのグループが作るかを決定し、しっかりと準備をした後にオープンするというものです。

　事例では、事前にこれといった話し合いもなく、子どもたちが自らお祭りごっこをやり始めました。正直なところ、保育者は、お店の商品として制作したものは粗く雑なところがあるし、準備も不十分なままであることを残念に思ったそうです。5歳児ならば、もう少しお客さんを呼べるような立派なものを作り、店もきちんと整えてからオープンしてほしいという願いがありました。

　大人のもつ経済的原理に基づけば、「魅力的なものが並んでいる⇒だからお客さんが集まる」となります。しかし、いわゆる「お祭り」は、本来逆の筋道によって始まったものです。お祭りは、「別に理由はないけど何となく人が集まる⇒楽しい時間が過ごせるように魅力的な物事を考えだす」という形で発展してきたのです。つまり、形があって人が集まるのではなく、人が集まってその場の論理で形が創出されるものです。

3

学びのきっかけをくれる子どもたちがいるクラスの運営

お店を出すことの本質は「お客さんに喜んでもらう」ところにあります。その気持ちがあれば、商品が立派でなくても店は成立しますし、子どもたちが工夫を凝らし、楽しみを生み出していきます。「みんなが集まれば何か楽しいことが起こるはずだ」という基本的な信頼があるのです。

空気を読めない子どもが空気を作る

事例では、3歳児、4歳児の参加が遊びの空気を作る鍵となりました。それを促したのが、Aくんでした。Aくんは、自分の好きなことしかやろうとせず、クラスの活動から抜け出すこともしばしばです。自分の遊びを邪魔されると友だちに不満をぶつけてしまうという、保育者には気になる子どもでした。

ここでは、他の子どもたちが行っていいものかどうか迷う中、「楽しそう」という気持ちに導かれてすぐ行動に移しました。その行動が、他の子どもたちの躊躇を取り除き、結果的に他の子どもたちの参加を先導する形になりました。

Aくんのような子どもは、良い意味でも悪い意味でもその場の状況を変えてくれる壊し屋さんになります。状況によっては、クラスの輪を乱すこともありますが、この事例のように、もっと遊びを面白くするという肯定的な影響を与えてくれることもあります。

良い意味で空気を変えてくれる。保育者がそれを意識することで、困った子どもが、学びのきっかけをくれる子どもに変わります。その学びは保育者だけでなく、子どもたちにも広がっていくものです。こういった魅力を発見することでクラス全体の遊びが深まり、クラス運営にもつなげることができるでしょう。

= POINT =

- ● 子どもの気持ちは、形を創出するプロセスの中にある。
- ● その場の状況を変える壊し屋さんの魅力を発見する。

行事での配慮とクラス運営……やりたくない・できない子ども

場面❶

　4歳児クラスの23名を1名の保育者が担当している。しんどい家庭環境で生活している子どもが多いらしい。部屋から出ていくAくんにBちゃん、大声を出すCくん、友だちに手をあげるDくん、保育者に甘えるEちゃんなど、気になる行動をする子どもがたくさんいて、保育者は見るからに大変そうにしている。

場面❷

　この日の午前中は、3週間後の生活発表会に向けたピアニカの練習、椅子とりゲーム、給食という日課であった。ピアニカの練習ができるのだろうかと見ていると、案の定厳しい。使用する音は3つ程度でそんなに難しい曲ではないが、数名が意欲的で弾く一方で、ほぼ弾けていない子ども、意欲が見られない子ども、部屋の外に出ようとする子ども、吐き気をもよおす子どもがいて、保育者は声を張り上げて必死で対応している。

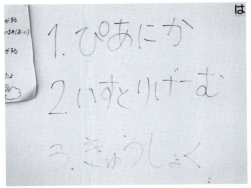
日課をホワイトボードに書いて説明

椅子とりゲームの様子

場面❸

　ピアニカの練習を10分で早々に切り上げて、椅子とりゲームを行う。先ほどの様子がウソのように、ほとんどの子どもが積極的に椅子を並べる。

　ゲームが進み、保育者がいくつかの椅子を抜くと、言われなくても椅子の形を整えようとする。「もう1回する？」と小声で保育者に尋ねる子どももいる。すべてが順調ではないが、55分もの間、いすとりゲームをやり続けた。子どもたちは、「楽しかった」「悔しかった」と口々に感想をつぶやいており、充実した表情を浮かべている。

充実の連鎖を作る

　行事が差し迫ってくると、気になる行動をとる子どもが増えるという現象が起こることがあります。そこには、「行事をきちんと見栄えよくしなければならない」という決まりが保育者のあせりを生み、子どもにとって厳しい練習の時間が長くなるという背景があります。

　すると、子どもたちの中で「させられる」感が増大し、一人が気になる行動を示すと次々とそういった子どもが増えて、課題が複雑化・重複化していきます。子どもたちが拒否の連鎖を示すのです。そうなると、さらに練習に時間を費やさなければなりません。

　場面❶は、拒否の連鎖が生じている状態です。もともと家庭環境が安定しない子どもの多かったクラスで、担任は一人という状況でした。そのため、行事の練習を厳しく進めると、子どもたちのさまざまな課題が重複して対応に追われ、結局やりたかった練習もまともにできないという状態でした。

　以下、園長と担任の本音です。

園長：加配教員を付けてやりたいクラスです。でも、保育者が不足していて、担任一人に無理を言って頑張ってもらっています。家庭の養育に課題のある子どもが複数いて、個別対応には限界があるのです。

担任：本当は行事の練習に時間を使いたいです。でも、今のこの子たちに必要なのは、『今日があってよかった』と感じられることだと思います。保育所がそれを実感できる場所にならないと、今年のこのクラスは何をやってもうまくいかないと思います。

行事の練習の充実に向けて

　事例の担任保育者は、行事の練習をきちんとやって、それを乗り越えることでクラスがまとまることもあると理解しています。しかし、今年のこのクラスでは、そういった決まりの空気に支配されてはうまくいかないと感じ取っています。

　そこで、「充実した今日があること」を優先して、練習後の好きな活動を長時間やることに決めました。園長がそういった方針を理解していることも後押しになっています。こうして子どもたちは楽しい時間を共有できたことで、活動への意欲が重なっていきます。子どもたちに充実の連鎖を作ることで、行事の練習への意欲も少しずつ持てるようにしたのです。

　こういった充実の連鎖を経験した子どもたちは、行事の練習にも前向きに取り組むようになります。それは、子どもたち自身がみんなでやると何だか楽しいという気持ちを共有しているからです。たとえば、練習の時間を15分、20分というように少しずつ増やす、個別の到達目標に応じていくつかのグループに分けて練習をする、といったような工夫であっても、子どもたち同士で学び合う空気の下では、保育者の個別対応は軽減されることが考えられます。このエピソードは、集団で学び合いながら、個別対応も充実させるための工夫といえるでしょう。

=== **POINT** ===

● 行事の練習は毎年恒例になりがち。常に見直しを。

● 充実した今の気持ちを大切に。

3

学びのきっかけをくれる子どもたちがいるクラスの運営

093

2 | 遊びからみたクラス運営

次に、学びのきっかけをくれる子どもが参加しやすい遊びについて、
その特徴から考えます。

一人ひとりが自分らしく参加できる遊び

場面❶

　自由遊びの場面。10名程度の3、4、5歳児と男性保育者1名で「だるまさんが
ころんだ」を始める。登園から長時間行事の練習が行われたこともあって、みん
な遊びたくて仕方がない様子である。「先生、早くやろう！」という大きな声が響
いている。大人数で性別、年齢に関係なく参加して楽しめる「だるまさんがころ
んだ」はうってつけの遊びである。

場面❷

　遊びを始めると、それぞれに個性が出る。一番初めに鬼に到達したくて勇んで
進む子ども、ほとんど進まず鬼にならないように注意深く動いている子ども、周
りの様子に関係なくマイペースに進む子ども、必ず何かのポーズを付けて止まる
子ども、それを見て楽しむ子どもなど、さまざまな姿がある。

　少し前の行事の練習では、落ち着きがなく部屋を飛び出していた子どもも、こ
の遊びの中では「だるまさんがころんだ」の声に合わせてピタッと止まっている。
動きを止めることが楽しさにつながるという必然性を感じられれば、子どもは止
まるのだ。

「だるまさんがころんだ」の一幕

場面❸

　10分ほど経過した頃、入れ替わりでやっている鬼をいつもやりたがる男の子が出てくる。笑顔で鬼をやりながら、言うリズムを変えたり、振り返るスピードを変えたりしては、自分の間合いで全員の様子が変わることを嬉しそうに見ている。

　最後は保育者が鬼になり、全員が保育者にタッチすることを目指す。保育者も、少しの動きも許さないように目を光らせて本気で遊ぶ。

たくさんある楽しみ方

　「だるまさんがころんだ」には、一人ひとりが好みに合わせて楽しめる要素が含まれています。

❶ミスしても終わらない。動きを止められなくても、仲間が鬼に到達すれば解放される。仲間が鬼に到達しないことはほぼない。年齢の低い子どもは少々動いても大目に見てもらえることもある。

❷ポーズを楽しむ。動きを止めるときのポーズは自由に決められる。鬼や仲間のウケを狙うこともできるし、ポーズを取らなくてもよい。偶然面白いポーズになる場合もある。

⇓

❸進むスピードを自由に決められる。最初に鬼に到達する必要はない。自分なりの距離感を保って楽しむことができる。遅かろうが早かろうが誰も文句を言わない。

⇓

❹鬼の側の楽しみ。リズムを操作できる。「だるまさんがころんだ」のリズムを集団の動きを見ながら自由に変えることができる。誰がどのぐらい動くのか予測を立てて、自分の思い通りに集団が動くことも喜べる。

⇓

❺鬼の側の楽しみ。ポーズを変えられる。「だるまさんが」の後の「ころんだ」の部分で、別のポーズを指定してよい。「しゃがんだ」などの単純な変化でも面白い。また、「歯を磨いた」など動きがあるパターンもある。その場合は、動いても問題ないルールに変わる。発想が続く限り楽しめる。

　結果よりも過程が楽しい遊びは、❺のようなルールの変更も無制限に行うことができます。要するに、自分たちが楽しければいくらでも発想を膨らませる余地があるということです。普段、さまざまな活動の中で、うまく結果を出しにくい子どもでも、発想と「その子らしさ」を発揮できる遊びです。
　子どもたちが夢中になる遊びの特質を検討し、一人ひとりが輝ける楽しみ方を考えてみましょう。

POINT

● 遊びの特質の中で、一人ひとりの楽しみ方を考える。
● 保育者が本気で遊ぶタイミングが大切。

発達の差に関係なく楽しめる遊び

場面 ❶

　運動場にぐるぐるジャンケンの線が書いてある。2チームに分かれて線の間を走り、身体が向き合ったらジャンケンをする。勝った人はそのまま進み、負けた人は陣地に帰るが、ジャンケンの結果がわかった瞬間、負けたほうの陣地からは次の人が飛び出てくる。それを繰り返し、相手の陣地まで進んだほうが勝ちという遊びである。

　4歳児が2名でぐるぐるジャンケンの場所にいる。二人では遊べないので、誰かを待っている状態だ。そのうち、5歳児が数名加わり、2チームに分かれてぐるぐるジャンケンを始める。

場面 ❷

　両チームとも一人ずつ順番に行ってはジャンケンをして、勝敗を競っている。集団遊びのルールを覚えるのが苦手な子ども、身体の動きがぎこちなく運動が苦手なAくんも含まれている。それぞれに動きや反応に違いはあるものの、遊び自体は滞りなく進み、歓声をあげて楽しんでいる。

　十数分やり続けるが、勝敗がつかない。追い込まれてもギリギリのところで耐えている。やっているうちにコツがつかめて、より両チームの力が拮抗していく。

3

学びのきっかけをくれる子どもたちがいるクラスの運営

誰かがくるのを待つ4歳児

ぐるぐるジャンケンを楽しむ

場面❸

　なかなか勝敗がつかないため、Bくん（5歳児）が「ちょっと作戦タイムをとろう」と言う。いったん休憩して両チームで作戦を話し合う。そこまでやった経験から、ジャンケンが強い人、足が速い人などを話し合い、子どもたちなりの論理を組み立てて、並ぶ順番を決めている。そして、お互いに自信満々な表情で再開する。案の定、簡単には勝敗がつかず、一喜一憂しながら楽しむ姿が見られる。

埋め込まれている工夫

　おなじみの遊びですが、発達差に関係なく参加して楽しめる工夫が埋め込まれています。

❶競争だが、一人で勝負の責任を負わなくていい。一人が負けても、即終了にはならない。チームが負けるときは、大概そのメンバーが連続して負けた結果なので、誰が悪かったという話にならない。

❷チーム対抗だが、1対1のジャンケンが基本であるため、全員活躍できる機会がある。ジャンケンは個人戦である。そのため、必ずみんなが注目される機会を得ることができる。スキルの差によって、活躍する人が偏る競技ではない。

❸ぐるぐる回るコースだと、直線を走るスピードほど差が出ない。足が速い子どもと遅い子どもで同時に動いても、回るコースだと進む距離の差は少ない。足が遅いからといって大きな不利にはならない。

❹ジャンケンの勝敗がわからなくても、参加可能である。ジャンケンの勝敗がまだ曖昧な子どもがいたとして、負けても次の仲間が素早く動けば問題ない。勝ったら前の相手がどけるから、自ずと進むことがわかる。

❺なかなか勝敗がつかないため、経験が持続する。片方が勝つには5連勝程度が必要になる。勝敗がつきづらいため、何度も繰り返し経験できる。ルールが身体にしみ込んでいく。

　ぐるぐるジャンケンは、昔から地域で繰り返し行われてきた伝承遊びの一種です。伝承遊びには、特別な準備がなくても、狭い場所でも、大人数で年齢差が大きくても、みんなで楽しめる条件が埋め込まれている場合が多いです。地域のさまざまな子どもが集まって一緒に遊んできたことから考え出されたためでしょう。発達差があっても楽しめる伝承遊びをクラス運営に取り入れてみてはいかがでしょうか。

POINT

- 勝ち負けがつくことだけが、子どもたちの楽しみではない。
- 子どもたちの発達差を埋める工夫を発見する。

型が伝染し、個性が表れる遊び

場面❶

　2歳から5歳までの子どもたち10数名が、砂場に集まって遊んでいる。まだ春先ということもあってか、使用できる道具はそれほど多くない。砂場遊びによくみられる大きなスコップ、雨どいなどはなく、水も使用していない。そのため、子どもたちは小さな遊具でそれぞれに落ち着いて遊んでいる。暖かい日で、せっかくの砂場遊びなのにもったいないというのが最初の感想だった。

場面❷

　Aちゃん（5歳児）が、氷を作る容器を出して、砂を詰めている。それを引っくり返して、砂で氷の型を取っている。誰ともかかわらず一人で黙々と取り組んでいる。
　それを見てか感じてか、周囲の子どもたちも年齢や関係性にかかわらず、次々と別の容器を持ち出して、それぞれの型を取りはじめる。型を取ったものを誰かに見せるわけでもなければ、別の遊びに使うわけでもない。言葉のやりとりがない中で、一人ひとりが黙々と取り組んでいる。

さまざまな容器で型を取る子どもたち

場面❸

　子どもたちの様子を眺めていると、一人ひとりの遊び方に個性があることがわかる。容器にピッタリと砂を入れてきれいな型を取ることにこだわる、容器を次々と取り換えてさまざまな型を取ることを楽しむ、同じ容器で砂の量を変えてどんな違いがあるかを感じるなど、さまざまな学び方がある。

　その後、子どもたちが交わり始める。近くの子どもが取った型を使って、一緒におままごとを始める子どもたちがいる。型を取ることに没頭していた状態から、友だちで視野を広げるようになり、遊びが展開され始めた。

単純な活動の中に個性が見える

　砂場遊びというと、みんなで協力して、山を作り、トンネルを掘り、水を使って泥だらけになって、ダイナミックに遊ぶ姿が想像されます。一方で、砂場では多様な遊びができるために、異年齢の子どもたちで一緒に砂場に入って遊ぶと、年齢によりできることとできないことの差や関心の差があるため、交わって遊ぶ姿が見られにくいこともあります。

　事例では、一般に想像されるダイナミックな砂場遊びの魅力が発揮されていないように思えました。しかし、「型を取る」という単純で、どの年齢の子どもにもできる活動であるがゆえに、活動が伝染し、学びが広がる姿がありました。

　またよく観察してみると、「型を取る」ための行為は模倣しているものの、子どもたちはそれぞれの気づきに合わせて、容器を変えたり、砂の量を変えたりして、遊びを深めていました。大まかには、4歳、5歳の子どもたちは先の遊びをイメージしながら型を取り始め、2歳児は単に型ができることを喜ぶ姿がありますが、それでも一人ひとりが違いました。単純な遊びだからこそ、一人ひとりの個性が見えるのです。

保育者が遊びに抱く理想

　砂場らしいダイナミックな遊びが見られなかったのは、保育者の想定外だったかもしれません。「砂場といえば○○」というように、一人ひとりの保育者には、遊びによって理想のイメージがあると思います。

　同じように、「ままごと遊びといえば△△」「積み木遊びといえば□□」など、それぞれに何となくイメージをもっているでしょう。そのイメージは遊びのねらいと関連しています。そのため、保育者にまったくイメージがないのも問題です。しかし、イメージを強く意識しすぎると、そのイメージと合わない子どもを「遊んでいない」と判断してしまうことがあります。

　その想定外は、「子どもが保育者の想像したように遊んでくれない」というもので、一見望ましくないように思います。しかし、事例で子どもたちが見せたように、保育者のイメージとは異なる遊びでも、子どもたちがそれぞれに楽しみ、工夫し、学んで

いる姿は「子どもが大人の思いもよらない学びの姿を見せるというもの」で、保育者にとっては嬉しい想定外でしょう。

　子どもたちが保育者の想像したように遊ばない状況を前向きに捉えて、子どもたちの遊びを読み解いてみましょう。

POINT

- 子どもの個性は単純な遊びの中に見える。
- 保育者の理想は、子どもの理想と必ずしも一致しない。

3　学びのきっかけをくれる子どもたちがいるクラスの運営

失敗を楽しむ遊び

場面 ❶

　少人数の保育所で、15名程度の園児が、一緒に絵本の読み聞かせに参加している。絵本の近くに3歳未満児が座り、その後ろに3歳以上児が座っている。読み聞かせをする絵本の名前は、「はやくちこぶた」というものである。主人公である3匹のこぶたたちが早口言葉を言っていくうちに、物語が進んでいくという構成の絵本である。
　「なまむぎ なまごめ なまたまご」に始まり、「あおまきがみ あかまきがみ きまきがみ」「ぼうずがびょうぶにじょうずにぼうずのえをかいた」と、お馴染みのフレーズが次々と出てくる。保育者が読み進めていくうちに、子どもたちも小声で口ずさむようになる。やがて、保育者が読んだ後に続いて、子どもたちも同じフレーズを何となくみんなでそろって言う感じになった。徐々に読み聞かせの世界に入りこむ子どもたちの様子が感じられる。

読み聞かせの様子

場面 ❷

　絵本の読み聞かせは進み、やがて「となりのきゃくはよくかきくうきゃくだ」というフレーズが出てくる。それまでは、すべての早口言葉をうまく言っていた保育者が、少し嚙んでしまう。その瞬間、3歳以上児から笑いの声があがる。3歳未満児は、その様子を振り向いてじっと眺める。

　子どもたちの様子を眺め、保育者は少し間をとる。笑いが治まる頃、保育者は何かアイデアが思い浮かんだような、少し意図ありげな表情を浮かべる。そして、次のフレーズの「かえるぴょこぴょこみぴょこぴょこ あわせてぴょこぴょこむぴょこぴょこ」で、あえて失敗してみせる。大爆笑する3歳以上児、一緒に笑う保育者、そして、その様子を見て微笑む3歳未満児がいた。

　笑いが治まり始めると、「次は何のフレーズだ」という期待感が子どもたちの表情にみえる。集団の一体感が出て、子どもたちが熱気を帯びる様子が感じられる。

　その後のフレーズも保育者の後に続いて、子どもたちも言っていく。うまく言えるとき、うまく言えないとき、今度は変化を付ける。保育者がうまく言えても、それに続いた子どもたちの中で、うまく言えない子どもも出てくる。しかし、うまく言えないことがあってもそれを指摘したり、責めたりする様子はない。誰かの失敗をもきっかけにして、みんなで笑い合い、楽しい雰囲気の中で読み聞かせが進められていく。

場面 ❸

　そうするうちに、それまで絵本に関心があるように見えなかった知的障害の診断を受けているＡくんの様子が変わる。みんなが笑い合っているとき、隣の子どもの表情をじっと眺めている。そして、絵本に対して、グイっと姿勢が前のめりになり、絵本を真剣に眺める姿が見える。口元を見ると、先生が言った後に続いて同じフレーズを口ずさんでいる。外から見ていると、関心のスイッチが入ったことがリアルに伝わってくる。

早口言葉や福笑いに共通すること

　早口言葉を取り上げた事例です。就学前施設では、日々多くの遊びが行われています。しかし、大半の遊びは失敗することを望まれないものです。

　砂場、積木、粘土などの構成遊びは、失敗したら、それまで作り上げてきたものが崩れてしまいます。リレー、コマまわし、一輪車などの運動遊びは、誰かに勝つことや、できるようになることが過度に強調されたりして、うまくいかないことが続くと、やる気を失う子どももいます。ドッジボールやサッカーなど、ルールを伴う遊びでは、失敗がチームの足を引っ張る形になることが多く、場合によっては他の子どもたちから責められることもあります。

　これらの遊びは、基本的に「失敗によって盛り下がる遊び」です。多くの子どもたちは、年齢が上がれば上がるほど、失敗を楽しめなくなっていきます。集団活動がそういった遊びばかりになると、一生懸命やるけど失敗してしまう子どもはつらい立場に置かれます。そして、うまくできないことが続くと、障害のある子どもは、他の子どもたちから一緒に遊ぶことを望まれないこともあります。

　早口言葉は、「一生懸命やって生じた失敗を楽しむ遊び」です。福笑いなども同じで、むしろ失敗がないと楽しくありません。失敗でいいという状況は、普段失敗を嫌がって緊張してしまう子どもたちの心理的な壁を取り除き、集団で楽しむ空気が生まれます。自分の行為が人を楽しませるという経験には、こういう構造もあるのです。

保育者が失敗してみる

　事例では、保育者の失敗と間の取り方によって、みんなで楽しむ空気が作られました。遊びそのものに失敗を楽しむ要素があっても、実際の失敗を嫌味なくみんなで笑い合うことは簡単ではありません。

　この保育者は、最初に偶然失敗したときにみんなが笑っている状況に間をとりました。そのとき、自分も笑顔でいることで笑ってもいいことを許容しています。そして、次のフレーズですぐに意図的に失敗を挟んで、笑い合うことを楽しむ空気に変えています。

保育者が自分の失敗を楽しいことに変えると、他の子どもたちの失敗も楽しめる空気になるのです。

POINT
- 「失敗→排除」を生まない遊びを見つける。
- 失敗の見せ方にこだわる。

3　学びのきっかけをくれる子どもたちがいるクラスの運営

3 集団を動かすクラス運営

集団保育の利点を活かし、ダイナミックなクラス運営を
実践するための工夫を考えます。

活動の区切りを気持ちの区切りにしない

場面❶

　1歳児16名のクラスに4名の保育者がいる。トイレトレーニングの一環で時間排泄に取り組んでおり、部屋での自由遊びの時間に一人ずつトイレに向かうように誘導する。担当の保育者1名がトイレの入り口付近に座り、他の保育者は、部屋の中で子どもたちと遊んでいる。

場面❷

　トイレの前にいる担当の保育者が、子どもたち一人ひとりの名前を順番に呼ぶ。子どもたちはそれに応じて、トイレに向かい、排泄したり、おむつを替えてもらったりしている。
　しかし、中には保育者の呼びかけに素直に応じない子どももいる。名前を呼ばれると、目線はやるが動かないAくん。明らかに聞こえているが、聞いていないフリをするBちゃん。拒否の仕方にも個性がある。やりたい遊びがあるのだから自然な行動だ。

遊んでいるモノを入れるカゴ

場面❸

　トイレの前の棚には、カゴが置かれている。保育者は「トイレに行こうね」とも声をかけるが、一辺倒ではない。どうしてもやりたい遊びがある子どもの場合は、その気持ちが途切れないように、「今遊んでいるモノをここに入れておこうね」と促す。トイレに行こうとしなかった子どもたちは、安心した表情で保育者と一緒にトイレに向かう。
　トイレが終わると再びそのモノを手に取り、遊び始める。トイレに行くのを渋っていたCくんがトイレに行くと、他の子どもたちも一人ずつトイレに向かうようになる。うまい具合に流れができて、遊びの気持ちを保ったままトイレを済ませていった。

好きなものをお供にする

　基本的な生活習慣が十分に身に付いていない年齢の子どもたちには、そのための指導をきちんと行うことも大切です。一方で、その指導が子どもたちの気持ちに沿わずにうまく進まないと、大人のやらせたい気持ちが表面に出る指導が行われることもあります。

事例では、子どもたちには遊びたい気持ちがあるものの、保育者には排泄を済ませてほしいという気持ちがあります。そのとき、「先にトイレを済ませれば後で遊べるよ」と、やりたい気持ちを後のご褒美にするという方法もあります。しかし、1歳児を相手にその方法はなかなか通用しません。

　こういった状況で子どもを誘導する常套手段は、「トイレに魅力的なものがある」とすることでしょう。たとえば、子どもが好きなキャラクターをトイレに貼っておき、「○○がいるよ」などと子どもに言葉をかけてトイレに行くのを促す方法です。この方法は、家庭の子育てなどでも紹介されており、一般にも普及しています。

　しかしこれは、今の遊びから別のものに気持ちを移し、区切りを付けさせようとする方法です。十分に遊び込んでいる子どもほど、キャラクターよりも今行っている遊びが魅力的で、気持ちの区切りをつけるのは困難です。結果的に、気持ちを切り替えることを求めて個別の対応を要して、保育者が「やらせる」感が強くなります。

　事例では、トイレに魅力的なものがあるのではなく、自分にとって魅力的なものをトイレのお供に持っていくという工夫をしています。これだと、トイレに行くことで遊びの気持ちに区切りをつける必要がありません。やりたい遊びが近くにありながら、排泄を済ませることができます。

　また、自分がいない間に大好きなモノを誰かに取られるという心配もなくなります。所有欲が出てきて自己主張の強い子どもも安心して自らトイレに向かうことができます。自分のお気に入りのモノを持ってこなくてもいい子どもは、持っていかないという選択をすることもできます。

　トイレの前にお気に入りのモノを入れるかごを置くだけの工夫ですが、子どもたちの気持ちに配慮したさりげない支援になっています。保育者が気にする子どもの行動に、「活動の切り替えができない」というものがよくあります。しかし、やりたい気持ちを抑えることはどんな子どもにも難しいことでしょう。活動の区切りを気持ちの区切りにしないような知恵は、子どもたちが共鳴して自ら動くことを促します。

POINT

- 子どもたちが優先したい気持ちを大切にする。

「自由度の高い制約」により、自然と集合体になる

場面❶

　雪がチラつく寒い朝である。全園児が登園後に園庭に出て、準備体操の後、マラソンをする。まずは外で「こすれこすれ」の歌に合わせてスキンシップを取り合う。3、4、5歳の年齢に関係なく交じり、保育者も加わって笑顔で楽しんでいる。その流れで準備体操に移行する。先頭に立つ保育者が「自由に広がって〜」という合図をすると、各々が好きなように散らばっていく。

場面❷

　異年齢で好きなところに位置し、前に立つ保育者を見本にして準備体操を行う。ふと見てみると、好きなように散らばっているようで、わりとまとまりがある。保育者は指示をしていないが、全員が園庭に書いてあるトラックの白線の内側にいることがわかる。

　事前に聞いた話では、園には落ち着きのない子どもがたくさんいるとのことだった。発達障害の診断を受けている子どもだけでも相当いるらしい。しかし、このときの様子からは、そういった行動を見せる子どもは浮かび上がってこない。

場面❸

　その後、滞りなく準備体操を終え、マラソンに移行する。トラックの白線の外側をみんなで息を切らしながら走る。数分間走った後、息を整えながら歩く。そして、自然と白線の内側に入って、各クラスの担任の前に集合する。

3

学びのきっかけをくれる子どもたちがいるクラスの運営

白線の内側で体操する子どもたち

環境による指示

　保育者による言葉の指示はなくとも、子どもたちが無意識のうちに白線の内側にまとまる様子が見られた事例でした。白線という環境が、子どもたちにその内側に入ることを促したのです。これには、運動会の経験などにより、そういった意識づけがされていたことも一因になっていると思います。

　準備体操をするとき、クラスごとに分かれて列を作り、その状態から手足が当たらないように広がって行う光景をよく目にします。しかしその方法では、子どもたちにとって自分で場所を選んだという感覚は生まれません。列からはみ出ると保育者から注意を受けますし、広がりきれずに手足が当たってしまう場合もあります。より広い空間を求めて列から外れようとする子どもも出てきます。その子どもを列に戻すのかどうかが保育者の悩みになることもあります。

　一方、何の制約もなく自由に広がるようにすると、体操が嫌いな子どもは、「待ってました」とばかりに保育者の手の届かないところまで移動し、指導ができないこともあります。別の遊びに関心が移る子どもも出てくるでしょう。

　自由に広がっていいけれど、実は子どもに感じさせない白線の内側という条件を設けている。このように、子どもに感じさせないように制約を作ると、子どもたちは自

分で選択しているという感覚をもちます。自由感のある制約によって、子どもは主体感覚をもって活動に取り組むことができるのです。

知覚されたアフォーダンス

　ある環境が、人をある行為に誘導する意味を有していることを「知覚されたアフォーダンス*1」と言います。要するに、環境が人の行動を誘発するのです。ここでは、白線という環境が子どもたちの白線の中で広がるという行為に誘導したといえるでしょう。つまり、保育者ではなく、環境が子どもたちを促していたということになります。

　そして、このとき、実はもう一つ子どもたちに意識させないような工夫がされていました。自然な立ち居振る舞いのもとで、保育者が遊具に向かう動線上の白線付近にさりげなく立っていたのです。保育者の立ち位置というのも、環境の工夫の一部になっていました。

　クラスの子どもたちに一律の望ましい行動を伝えるとき、言葉での指示がどうしても多くなります。しかし、「ここに一列に並んで」などの言葉での指示は、いずれ「○○くん、前の人見て」「△△くん、列からはみ出てるよ」などといった注意に変わります。「望ましい行動を指示する」ことと、「望ましくない行動を注意する」ことは、保育者のねらいは同じでも、子どもが受ける印象はまるで違います。後者の場合、保育者にも疲労感がたまって、お互いにつらい状況になります。そんなときは、環境を味方につけることを考えてみてはどうでしょうか。

━ POINT ━

● 言葉による指示だけでなく、環境による指示も大切。

---

*1 **アフォーダンス**……環境に実在する動物（有機体）がその生活する環境を探索することによって獲得することができる意味／価値のこと。

みんなでやればつらくない……さりげない仲間意識

場面❶

　冬休みが明けたばかりの1月。今月から毎朝、子どもたちが園庭でマラソンをするのが日課になる。寒風の中、保育者が「マラソンするよ〜」と先導していく。しかし、簡単に「子どもは風の子」とはいかない。正月が明けて間もないこともあり、気持ちが乗らない子どももいる。はっきりと「やりたくない」というAくんもいれば、渋々応じるBちゃんもいる。楽しいと感じている子どもはほとんどいないようにみえる。

場面❷

　その様子を見た保育者は、子どもたちにビブスを配りだす。特に法則はなく、ランダムに配り、3色ほどのグループに自然と分類される。みんながビブスを付け終えると「じゃあ、行くよ」といい、マラソンを始める。

3色のビブスを付けた子どもたち

場面❸

　ビブスを付けたからといって、グループで競争するわけでも、マラソンのルートを変えるわけでもない。ただ単純に、子どもたちがそれぞれ3色のビブスを付けただけだ。それ以外には何もせず、普通にマラソンをする。

　マラソンの様子をみると、ただビブスを付けただけなのに、最初に「やりたくない」といっていたAくんが楽しそうに走っている。他にも、意欲的に走る子どもが見られるようになる。

　同じ色のビブスを付けた子どもを励ましたり、違う色のビブスを付けた子どもに対抗心を燃やすなど、グループの仲間意識を感じている子どももいれば、負けん気を発揮する子どもも見られる。ただ走らされるマラソンから、自分なりに目的意識をもって取り組むマラソンになったようだった。

子どもたちが自分で目標を立てる

　冬になると、マラソンなど園庭を走る活動を見かけます。しかし、たいてい何人かはやる気のない子どもがいて、一緒に保育者が走りながら、個別に背中を押してあげたり、励ましたりという支援をする光景が見られます。

　マラソンにおいて、子どもたちのやる気を引き出す工夫は、自分が何周走ったかを記録するカードを作って、走った分だけシールを貼ったり、一周走るごとに輪ゴムを一つ腕につけ、時間が終わった後で数を数えたりするなど、たくさん走ったことを称賛するものが多いです。このように、個々の子どもの達成度を刺激するものが多くなる背景には、基本的にマラソンは個人の活動であるという意識が関係しているのでしょう。

　しかし、一人でやる活動にこそ、「一人でやるのは気が進まないけれど、集団になるとやる気が生まれる」という心理をうまくつく工夫の余地があります。

　事例では、ただビブスを配っただけで、保育者は何も言いませんでした。このとき「同じ色の人たちは仲間だからね」「他の色の人たちに負けないように頑張ろうね」と

口にすると、子どもたちのやる気は生まれなかったでしょう。そうすると結局、子どもたちの目標を保育者が決めてしまうことになるからです。

　子どもたちが意欲的に走り出したのは、それなりの目標を立てて頑張ろうと思ったAくんが出てきたからでしょう。「同じ色のビブスを着ているCちゃんと一緒に頑張ろう」「違う色のビブスを着ているDくんには負けないぞ」「他の色のグループよりも、うちの色のグループのほうが、早く走る子を多くしてやるぞ」などなど…。

　目標は何でもいいんです。大切なのは、何らかの目標を自分で立てることです。そして、自分で目標を立てて意欲的に走りだした子どもたちに乗せられて、他の子どもたちもマラソンにやる気をみせたのだろうと思います。

　保育者に設定された目標よりも、自分なりに立てた目標のほうがやる気をもって取り組むことができます。あえて何も言わずに、子どもたちが何かを感じるであろうことを信頼している保育者の態度こそ、子どもたちのやる気を支えているのです。

POINT

● やりたがらない活動は、クラスをまとめるチャンス。

● 目標は、自分で立てることに意味がある。

一番の気持ちをみんなが感じられる遊びの工夫

場面❶

　身体が冷える冬の寒い朝。少人数の保育所で、15名程度の子どもたちが集団活動を行う。みんなでふれあい遊びをするために、まずは一人ひとりがつながり、大きな円になる。その後、隣の友だちの背中をこすりながら、スキンシップをとって身体を温め合う。

　次に、全体で大きな円になるために、「でんしゃがでんでん」の歌に合わせて一緒に遊ぶ。全員がバラバラに座っている中、まずAちゃんが指名され、立ちあがってみんなの周りを歌に合わせて歩く。

場面❷

　歌の区切りが来たときに、AちゃんがBくんを指名する。指名されたBくんは、後ろについてAちゃんの肩に手を乗せる。Aちゃんが先頭でBくんが後ろに付く形である。そこで、みんなで「どんで〜ん」と叫び、二人は身体を反転させる。つまり、Bくんが先頭に立ち、Aちゃんが後ろになる状態である。

　Bくんが先頭に立ち、歌に合わせてみんなの周りを歩く。再び歌の区切りでCちゃんを指名する。指名されたCちゃんは、BくんとAちゃんに続いて最後尾に付く。そして、みんなの「どんで〜ん」のかけ声とともに反転する。Cちゃんが先頭に立ち　次にAちゃん、最後尾にBくんという順番になる。

　それを繰り返すことで、全員で一つの長い電車をつくり、次の遊びにつなげる活動である。指名する子どもは、誰を指名しようか悩みながら、全員の間を歩いている。まだ指名されていない子どもたちは、指名されることを期待する表情で、指名する子どもの動きを眺めている。

3

学びのきっかけをくれる子どもたちがいるクラスの運営

「でんしゃ」で遊ぶ様子

場面❸

　勝つことや一番になることにこだわるDくんがいる。早く指名してほしくてウズウズしている。電車役の友だちにアピールしている。ようやく指名を受けて、嬉しそうに最後尾に付く。「どんで〜ん」に合わせて先頭に立つ。先頭でみんなを引っ張るのは楽しい様子である。

　次のEくんを指名すると、今度は最後尾につく。それでも嬉しそうにして、みんなと遊び続ける。最後の一人まで繰り返して、最終的に一本の電車になる。外から見れば異年齢の子どもたちで完成した不均等な電車である。しかし、みんなの心の内は一様に充実感で満ちているようにみえる。

いろいろな立ち位置を経験する工夫

　一番や勝つことにこだわって、気持ちを整えるのが苦手な子どもの話を聞くことがあります。一番になれなかったらやる気を失ったり、友だちに気持ちをぶつけたりしてしまう。また、負けそうなことは初めからやろうとしないという姿もあります。負けん気は場面によっては悪いことではないものの、その気持ちが強すぎるあまり、経

験が制限されてしまうことは避けたいところです。

　事例では、みんなが必ず先頭、真ん中、最後尾を経験するルールの工夫がなされています。みんなで円を作るために行われる電車遊びの定番は、ジャンケン列車だと思います。ジャンケンの相手を見つけて、ジャンケンし、勝ったほうが先頭に立ち、負けたら後ろに付く。そして、次の対戦相手を見つけると、再び先頭の子どもがジャンケンをする。負けたほうは電車の後ろに付く。その繰り返しです。

　しかし、このジャンケン列車だと、ジャンケンに負けた子どもは最後まで先頭に立つことができませんし、ジャンケンをすることもできません。ただ後ろをついていくだけになります。そのルールだと、絶対に一番じゃなきゃイヤなDくんのような子どもは、負けた時点でやる気がなくなってしまいます。

　また、ジャンケンのルールがわからない子どもは、入ることも難しいです。そういった子どもの多くは、保育者と一緒に動き、保育者が代わりにジャンケンし、よくわからないまま電車に加わります。つまり、ジャンケンがわからない年齢の子どもは、楽しめないまま一緒にいるだけということになります。

　保育者の話によると、「でんしゃがでんでん」の歌を使う遊びでは、いくつかルールがあるということでした。この施設では、人数が少ないため、集団で遊ぶときには自ずと子どもたちの年齢差や発達差が大きくなってしまいます。そこで、みんなが楽しめるルールを作ることを考えて生まれた工夫とのことでした。

　このルールだと、どんな子どもでも、みんなが必ず一度は先頭に立つことができます。そのため、指名順による不満も生じません。また、いろいろな立ち位置を経験することができ、毎回反転して自分の前の子どもが変わるため、飽きを防ぐこともできます。遊びの中にも、保育の知恵が詰まっているのです。

POINT

● 勝敗で気持ちが整わない場合は、勝敗がつかない工夫を考える。

3

学びのきっかけをくれる子どもたちがいるクラスの運営

4 特性に応じた子ども理解

第2章で紹介した子どもの特性に応じた保育を、
現場の実践から考えます。

こだわりの裏に見える気持ち……子どもの内面を理解する

エピソード

　4歳児クラスの自閉症の診断を受けているＡくんを観察する。登園して最初にするのが大好きな粘土遊びで、いつも恐竜を作るという。

　その様子を見ていると、細部に至るまで時間をかけて、熱心かつていねいに創り上げる。図鑑で見たものを参考に作ることもあれば、Ａくんの想像で独自の恐竜を作ることもあるそうだ。その日はＡくんが考えたもので、空飛ぶ恐竜アルフォンソサウルスだと筆者に教えてくれる。

　一度アルフォンソサウルスの形を整えて、満足したような表情を浮かべ、少しその場を離れる。粘土遊びをしていた周辺を、何をするわけでもなく歩いている。数分後にふいに戻ってきて、作っていた恐竜のシッポの形だけを少し変えて、再びどこかに行く。

　その恐竜を見ると、シッポの形が変わっただけで、見るからに躍動感が出た感じがする。周辺を歩きながらもＡくんは恐竜のことをずっと考えていたのだと気づく。とりあえずできたけれど、どこか納得がいかない。そんな思いのまま、周辺を歩いていたところ、どこかに発想のヒントを見つけて、シッポの形を変えるに至った。そのようなＡくんの気持ちを想像した。仕上げとして、シッポの形を変えたＡくんの姿は、まるで芸術家が作品に命を吹き込む所作を見るようだった。

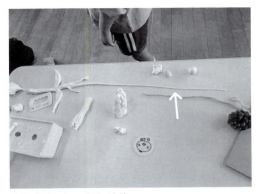
恐竜（前）。シッポが一直線

恐竜（後）。シッポが波打つ

「自閉症＝こだわりが強い」で済ませない

　Aくんが作った恐竜は、本当によくできたものでした。保育者に「どうしてあんなすごい恐竜が作れるんでしょうね？」と水を向けてみたところ、「こだわりが強いから」という答えが返ってきただけで、それ以上の話は聞かれませんでした。

　自閉症スペクトラム障害＝こだわりが強いというのは、周知のところです。しかし、そういった呼び名の空気から、他の子どもとは違うことが生じたときに、「こだわりが強いから」で済ませてしまうのは乱暴な理解といえます。

　登園したら必ず粘土遊びをやらなければ落ち着かず、他のことが手につかない子どもに対して「こだわりが強い」という理解であればわかります。しかし、毎日違う恐竜を作り、創作までしています。ここまでやり込んでいる粘土遊びには、子どもの思いがたくさん詰まっているのではないでしょうか。

　「こだわり」「パニック」「切り替えができない」…、使い勝手のいい言葉の裏には、それだけでは語れない子どもの真実が隠されているのです。

POINT
- 「こだわり」に含まれる子どもの気持ちを大切に。

子どもの特性とおもちゃの特徴

> **エピソード**
>
> 　自由遊びの時間、落ち着きのなさが気になるという4歳のAくんが、一人でマグネット付きのブロックを使って、お祭りの太鼓台を作っている。前週に地域のお祭りに参加したらしい。保護者もお祭り好きで、Aくんもその血を受け継いでいるそうである。
>
> 　祭りのお囃子をつぶやきながら、そのときのことを思い出している姿がある。さまざまな形のブロックを組み合わせて、何種類もの太鼓台を次々と仕上げては壊すことを繰り返している。
>
> 　傍らで見ながら話を聞いてみると、一つひとつの太鼓台の特徴を得意げに説明してくれる。「○○太鼓台は、ここに△△の模様があって、ここが□□の形になっていて…」。本当に好きなことが伝わってくる。4つ、5つの太鼓台の説明をしながら、手は休めない。作り続けて説明し続けて、自由遊びの時間を終える。
>
> 　すばらしい創作意欲で、明日はまた別の太鼓台を作ると保育者や他の子どもたちに宣言して、大満足な様子であった。

太鼓台1

太鼓台2

子どもの気持ちを満たすおもちゃとは

　傍目に見ていて、熱中して遊ぶ様子に目を見張りました。しかし保育者としては、もう少し落ち着いて遊べるおもちゃにも取り組んでほしいそうです。

　Aくんのような子どもには、落ち着けるようなおもちゃを通して、落ち着いた行動を身に付けてほしい。そのような願いはわからなくはありません。ただ、保育者の意識が子どもに与える影響を考えなければなりません。

　仮に、保育者が考えた落ち着けるようなおもちゃにAくんが関心をもったとしましょう。しかし、保育者が、落ち着けるようなおもちゃを「手段」とし、Aくんに落ち着いた行動をさせることを「目的」と意識したとき、おもちゃの魅力は色あせてしまいます。なぜなら、Aくんの望ましい行動を目的としてしまうと、遊びを楽しむことが目的でなくなり、Aくんの望ましい行動を促すようなかかわりをしてしまうようになるからです。

　多くの保育者は、新しいおもちゃよりも手づくりのおもちゃ、古くから受け継がれてきたおもちゃに発達的価値を感じる部分があるのかもしれません。しかし、議論すべきはおもちゃの新旧による発達的価値ではなく、「子どもがどのように用いて遊び、楽しんでいるか」です。

　Aくんは落ち着きのなさがありますが、言い換えれば、関心の切り替えが早くて自分の思いをすぐに形にしたい気持ちに溢れています。このマグネット付きのブロックは簡単に手早く形にできるため、Aくんの気持ちを満たすのに合っているようでした。

　子どもたちは、それぞれの特性に合ったおもちゃに魅力を感じているのです。

POINT

● 子どもが惹かれるおもちゃには、その子どもなりの理由がある。

関係性をつなぐモノ

エピソード

　自由遊びの時間、外国籍家庭（カナダ）で育つAくん（3歳児）が廃材を使って車づくりをしている。箱とガムテープの芯を貼り付けようとこれでもかというぐらいセロハンテープを引き出す。一度では接地面にうまく貼ることができず、何度も繰り返しながら、その二つをくっ付ける。テープがあちこちに貼られて不恰好ながら車を完成させる。

　しばらくすると、牛乳パックを2つ手に持ち、保育者に身振り手振りで何かを訴える。言葉ではうまく説明できない様子だ。保育者は、それを車の両側面にくっ付けたいのだと読みとり、丈夫な布製テープを取り出して貼り付ける。

　すると、英語で「飛行機の車だ!」と叫び、大喜びで積み木の坂道を走らせる。すると、同じく車を作った友だちも加わり、一緒に何度も何度も遊ぶ姿があった。いつも一人で遊ぶことが多く、友だちと一緒に夢中になって遊ぶことが少ないAくんだが、この日は車を介して、自ら友だちとコミュニケーションをとり、笑い合っている姿が見られた。

飛行機の車を作るAくん

コミュニケーションしたくなるモノとの出会い

　保育者によると、Aくんは保育者や友だちとの関係の中で、受け身になることが多い子どもだったとのことです。言葉がわかりにくい分、どうしてもていねいに教えてあげることが多くなり、それに対してAくんが素直に応じられないこともしばしばありました。

　しかしこのときは、自分から遊ぼうとする意思が強く感じられました。セロハンテープをたくさん使う中で、保育者は思わず「テープがもったいない」と言いかけたそうです。しかし、そういった園の決まりを伝えて、Aくんの試行錯誤を止めてしまうのではなく、Aくんなりの考えを尊重しようとしました。

　すると、Aくんのほうから保育者に「こうしてほしい」というコミュニケーションが生まれ、友だちとも言葉は伝わらなくても、互いの気持ちを感じ合いながら夢中で遊ぶ姿が見られるようになっています。

　周りの保育者や子どもたちが、「日本語がわからない子ども」と過度に意識すると、外国籍家庭で育つ子どもは、「教えてあげないといけない存在」になります。すると、あらゆる場面でやるべきことを誰かから教えてもらうことが増えて、受け身になっていきます。

　しかし、実際には、「何となくわかるけど、今はやりたくない」「何となくわかるけど、自信がない」というように、わかっているけど気持ちが整わないという場面もあります。そういったときに、「日本語がわからないからやるべきことがわかっていないのだ」と一律に理解すると、子どもの気持ちを受けとめた対応ができなくなってしまいます。

　言葉はわからなくても自ら友だちとかかわる姿が引き出されることがあります。大好きなモノや活動をきっかけに、言葉の壁を超えた関係性が築かれるのです。

POINT

● 言葉の理解よりも、気持ちの理解を優先する。

3

学びのきっかけをくれる子どもたちがいるクラスの運営

何のために集めるの？

> **エピソード**
>
> 　自由遊びの時間に、4歳児クラスのAくんとBくんが下を向いてグラウンド中を歩き回っている。保育者から「気になる子ども」としてあがった二人で、一緒にいることが多いという。気になる子ども同士が惹かれ合うという、よくあるパターンである。
>
> 　二人の様子を見てみると、貝殻のかけらを熱心に集めているようだ。二人の間には、これといったやりとりがあるわけではない。貝殻を集めることの目的を伝えあうでもない。ときどき、お互いが採ったものを見せ合って確認し、納得したようにうなずくだけである。
>
> 　保育者（女性）は、何のために貝殻を集めているのかわからないという。貝殻を集める目的やその後の遊びにどう使うのかをしきりに気にしている。
>
> 　結局、自由遊びの時間を貝殻集めに費やして終える。AくんとBくんは、集めた貝殻をグラウンドの隅に別々に置いておき、満足した表情で互いに視線を向けてそのままクラスの部屋に戻る。

貝殻を集めるAくんとBくん

子どもにとっての「遊び」とは

　ただただ貝殻を集めるという二人の姿でした。二人にとっては意味のある行動ですが、この保育者にはどうもスッキリしない様子に見えたようです。保育者には、貝殻を集めることそのものが遊びだと感じられなかったということでしょう。

　何となくですが、収集癖は男性に多いように思います。どんな男性でも、振り返れば一度は何かを収集して喜んだ経験があるのではないでしょうか。「何のためにやってるの?」と言われても、これといった理由はありません。

　しかし、収集の過程において、思考はかなり複雑です。同じものを集めるためには、まず他のものとの比較をしなければなりません。集め出すと何度も数を数えます。いくつも集まると、分類したくなります。

　また、他人には同じように見えても、集めた本人は形や色などちょっとした違いを見極めています。その違いを一人の子どもに伝えると、その子どもはそれを参照して、自分のものを見返し、新たな価値を付与します。そこに別の子どもが加われば、さらにそのものの価値は深まります。そうして思考のやりとりが生まれます。

　何かの目的に向かうだけが「遊び」ではありません。AくんとBくんにとっては、集めることそのものが「遊び」であり、その空気によって他者とつながり、楽しみが生まれるのです。ただ黙々とやっているだけで、これといった言葉のやりとりもなく、一見楽しそうにもみえない。表面上はそうみえるような行動でも、子どもたちの様子をじっくり見て、気持ちを想像してみると、それが豊かな遊びであることに気づきます。遊びの目的は、保育者が決めるのではなく、子どもたちが決めるものなのです。

POINT

● 遊びの目的は、没頭の後に生まれる。

3

学びのきっかけをくれる子どもたちがいるクラスの運営

子どもが「破壊」に対して思うこと

エピソード

　幼稚園で5歳児クラスの遊びを観察する。部屋の前には、2日間かけて積み木で作ったという立派なモニュメントがあった。思わず「すごい！」と言ってしまうぐらいたくさんの積み木を重ねていねいに作られている。

　そのモニュメントをさらに立派にすべく、子どもたちと保育者が手を加えている。すると、Aくんが一部を崩してしまい、一つのモニュメントを派手に壊してしまう。そのとき、「壊さんように気をつけて」と言う保育者の言葉と、「壊して最初から作ろっか」と言うBちゃんの言葉が、ほぼ同時に発せられる。AくんはBちゃんの言葉を選び、残っていたモニュメントを数人で壊して、最初から新しいものを作り始める。

　感動の記憶が失われると悲しむ大人と、失われても別の感動を求めて作り出す子ども。大人と子どもの感覚の違いがみえた瞬間だった。子どもはいまを生き、未来に目を向けているのだと、遊びを通して実感した。

積み木でできたモニュメント

壊して再び作り始める

「壊す」ことを前向きにとらえる

　時間をかけててていねいに作ったモノに対する大人と子どもの感覚の違いが表れた事例です。大人の感覚だと、「せっかく時間をかけて作ったのだから壊すのはもったいない」。しかし、子どもの感覚は、どうも大人とは異なるようです。

　これに似た事例は、砂場でもよく見られます。子どもたちは夢中になって作った山やトンネルなどを躊躇なく壊すことがあります。壊すまでが砂場遊びだと言わんばかりです。そこには、作ったものを壊したら、それまで費やした時間が無駄になるという感覚はありません。子どもたちは、壊すことの後に創造があることを感覚的に知っていて、壊しても新しいモノを作ればいいと感じているように思います。

　一方、保育者は、壊してしまう行為は良くないことと捉える傾向にあるようです。たとえば、モノに対する興味が強くて、他の子どもが作ったモノをつい触ってしまい、結果的に壊してしまった子どもにどのような言葉をかけるでしょうか。作った子どもが悲しい気持ちになっている場合、きちんと指導すべきだとは思います。しかし、この事例にあるように、子どもはすでに次の創造に気持ちが向いているのかもしれません。それを壊された子どもの気持ちを確認しないまま、一律に「作った人の気持ちを考えなさい」という指導は適切なのでしょうか。

　壊された子どもの気持ちがどこにあるのか、意外にあっさりと「じゃあ、もっと面白いもの作ろうよ」と思っている子どももいるかもしれません。破壊＝作った人は悲しんでいる、怒っているという定式は、大人がもっている決まりなのです。作った人の気持ちを考えると、破壊こそが気持ちに寄り添っている場合もあり得るのです。

3

学びのきっかけをくれる子どもたちがいるクラスの運営

POINT

● 子どもの気持ちは創造に向かっている。

5 ｜ 空気を変える園内体制

就学前施設は保育者だけでなく、
さまざまな職種がチームを組んで子どもに接しています。
これら保育者以外の職種の人たちの働きについて考えます。

子どもたちのやる気を引き出す用務員

場面❶

　冬の寒い中、毎日恒例の9時のマラソンが始まる。みんなで園庭に出て準備体操をした後、すべての保育者と子どもたちが一斉に走り出す。年齢別で走るコースが異なる。3、4歳児は園庭に描かれた白線に沿って周回を重ねるコースである。5歳児は園舎の裏側も使う長距離コースを走る。

　3、4歳児の中には、走るのが苦手でゆっくり走るAちゃんやBくんもいる。園舎の裏側を走る5歳児の中には、保育者の目を盗んでサボるCくんもいる。マラソンは心の持久力も試される。

場面❷

　そんな中、保育者と子どもたちに交じって、一人の男性が走っている。用務員のおじさんだ。笑顔を浮かべてものすごいスピードで真剣に走っている。スピードが落ちた子どもやちょっとサボろうとしていた子どもに声をかけている。用務員のおじさんに声をかけられると、不思議と子どもたちに活力が戻ってくる。

一緒に走る用務員

場面❸

　保育者に何度促されても意欲が出てこないDくん（5歳児）がいる。「しんどい」「いやだ」という心の声が聞こえてきそうな表情をしている。用務員がその子どもを見かけて、背中をさすって「ほいほい」と促す。すると、その子どもは「しょうがない」とばかりに全力で走る。用務員に並び、張り合い、競争し、一時ではあるが、真剣に走っている。マラソンの時間が終わると、「ようがんばった」と言われて、まんざらでもない顔をする。

子どもにとって「保育者ではない」ことの魅力がある

　用務員が子どもにハマるときがあります。園での生活を楽しめていない子どもが、不思議と用務員とかかわると表情が和らいだり、遊びに取り組んだりします。おそらく、用務員が「保育」というフィルターを通さずに見てくれているということを、敏感な子どもは察しているからでしょう。

　走るのを苦手とする子どもには、他の子どもたちと比べて遅いことを嫌がる場合があります。その際、保育者だと他の子どもたちと比べて評価される感じがしても、用務員だとそういう感じを受けないため、ハマるのかもしれません。

園内には、職域が存在しています。園長には園長の、担任保育者には担任保育者の、加配教員には加配教員の職域があります。はっきりと役割分担されているものもありますが、何となくお互いが意識しながら自分の役割を定めて仕事をしています。

そういった「何となくの意識」に子どもは敏感です。例えば、障害のある子どもの傍らに常に加配教員がいると、「○○先生は、△△君の先生」と言語化する子どももいます。それは、保育者が「自分の仕事はこれ」と割り切っている意識が子どもたちに伝わっているのです。

職域を超える職員間の関係性

そういった何となくの意識から生まれる職域を越えられる職員間の関係性が子どもたちの集団に及ぼす影響は、意外と大きいものです。なぜなら、職域を超えられる職員間の関係性を作るためには、他の保育者や職員の仕事に何が起きているのかを意識しなければならないからです。

つまり、他の保育者や職員の立場になって、その心持ちに関心を寄せることで初めて職域を超えられる職員間の関係性が成立します。保育者や職員の全員が、そのように他者に関心をもって生活をしている姿勢でいれば、自ずと子どもたちにも伝わります。子どもたちも、保育者や職員、他の子どもたちに関心をもち、園全体で関心を寄せあう集団が作られます。

用務員が保育者の仕事を嫌味なくサポートする。その姿は、用務員の人柄によってもたらされるのではなく、園全体の保育者や職員が関心を寄せあう関係性がもとになっているのです。

POINT

● 「何となく」の職域を見直す。

保育に携わる調理員

場面❶

　巡回相談で保育所を訪れる。玄関を開けると、すぐそばにある調理室にいた調理員と目が合う。「おはようございます」と挨拶すると、「本日はよろしくお願いします」と言われる。
　何年も巡回相談をしてきたが、こういう返事は初めてだ。園長に尋ねると、調理員にも巡回相談で外部から人が来ることをお知らせしているという。

場面❷

　しばらく保育を観察する。その日は畑で落花生の収穫をする予定だった。みんなが靴を履き替えて畑に向かう。そのうちの数名が、遠くに見えた用務員を見つけて駆け寄り、今から落花生を収穫することを嬉しそうに話している。用務員のおじさんも、笑顔を浮かべて嬉しそうに話を聞いている。

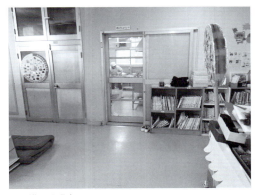
玄関横の調理室

落花生の収穫を用務員に話しに行く

3　学びのきっかけをくれる子どもたちがいるクラスの運営

場面❸

収穫した落花生を、子どもたちが喜び勇んで調理員のもとに持っていく。調理員は笑顔で受け取り、収穫のときの話を子どもとやりとりする。子どもたちは嬉しそうに話し、おいしく茹でてほしいことを伝えている。

普段から子どもたちが調理員とかかわりをもっていることが、そのやりとりから伝わってくる。調理員が保育に携わる体制が作られている。

食のプロにとどまらない調理員

食育の意義が浸透し、調理員が保育の活動や子どもとかかわりをもつ施設が増えています。しかし、食育に関する以外の行事を理解している調理員は多くないでしょう。

巡回相談を理解している調理員は、その子どもがどういった課題をもっているのかも理解し、その後の保育においても、その子どもを見守る役割を担います。普段はかかわることがなくとも、機会があれば声をかけたり、励ましたりするなどのかかわりができるだけの理解をしているというのは、職員集団として大きな安心につながると思います。

また、あまりフォーカスされませんが、調理員や用務員が子どもたちに及ぼす教育効果はかなり高いと思います。保育者とは違った目線で、子どもたちを支えてくれる存在があることは施設としても貴重です。子どもたちも、調理員や用務員には、保育者を相手にしたときとは違う話をするでしょう。相手を変えて自分の経験を話すことは、その子どもにとっての学びになります。

これらを理解している施設では、職員を大切にしていると思います。そして、職員さが良い雰囲気だと、園全体にも良い空気が流れているように感じます。

POINT

● 保育者以外の職員も、園のイベントや子どもについての情報を共有する。

参考文献

田中智志・今井康雄編『キーワード 現代の教育学』東京大学出版会、2009年

田中智志『教育臨床学〈生きる〉を学ぶ』高陵社書店、2012年

渡部信一『障害児は「現場（フィールド）」で学ぶ──自閉症児のケースで考える』新曜社、2001年

佐伯胖監、渡部信一編『「学び」の認知科学事典』大修館書店、2010年

杉万俊夫『グループ・ダイナミックス入門──組織と地域を変える実践学』世界思想社、2013年

まじめなあとがき

　最後まで本書をお読みいただき、ありがとうございました。師曰く、私は「ふわっとした良い話が好きな奴」だそうです。そんな奴がよく研究者をやってるもんだと我ながら思います。読者の方々におかれても、アカデミックさに欠けるスッキリしない読後感にモヤモヤが残っているのではないかと思います。

　さて、タイトルにある「特別な配慮を必要とする子ども」ですが、これは営業上付けざるを得なかった言葉で、実は本意ではありません（失敬!）。というのも、この文言が付く書籍の多くは、スッキリした答えが明瞭に示されることを売りにしているもので、本書はそういったニュアンスを出すことを目的としていないからでした。

　「特別な配慮を必要とする」と書名に付くと、「特別な配慮」が明瞭に示されるということを期待されると思います。しかし、本書では、スッキリした解明はできないけれど、確実に生き生きとした子どもたちがそこにいるという状況に価値を置いて、内容を詰めていきました。

　「しみこみ型の学び」と述べたように、子どもたちは良い空気が流れる環境の中で、じわじわとしみこませていくように学んでいます。その学びには時間がかかりますし、さまざまな要因が絡みます。「これをすれば、こういう結果が出る」というスッキリした因果関係で語れない。それが子どもたちの学びの本質です。いわゆる「特別な配慮を必要とする子ども」であっても、その原則は変わりません。

　子どもの魅力は、そういったスッキリしない中に存在し

ています。その魅力にハマって保育をされている読者の皆様は、スッキリしないからこそ、保育の中で子どもたちが巻き起こすさまざまな事象を不思議に思い、問いを立て、自分なりの答えを探そうと日々過ごされているのだろうと思います。

　本書でいう「学びのきっかけをくれる子どもたち」は、悩みの種になる一方、保育の魅力の種も持っていることを感じていただけたなら、これ以上嬉しいことはありません。

　本書をまとめるにあたり、私の研究人生を通した問いを与えてくれた諸先生方に心より感謝申し上げます。また、本書で扱った事例は、香川大学教育学部を卒業して就学前施設で働いている若手保育者で構成された研究会の掲示板に挙げたものを元にしています。コメントをくれた卒業生の皆さん、ありがとうございました。

　また、中央法規出版第1編集部の平林敦史さんには、企画の提案から原稿の修正まで、いつも超速の対応をしてくださいました。このような機会をいただき、御礼の言葉もございません。最後に、本書で取り上げた事例に登場するお子さんたち、保育者の皆様にこの場を借りて深謝いたします。

松井剛太

著者紹介

松井剛太 まつい・ごうた

香川大学教育学部准教授。博士（教育学）。広島大学大学院教育学研究科附属幼年教育研究施設助手、香川大学講師を経て現職。主な著書に『現場に活かす保育所保育指針実践ガイドブック』(執筆、中央法規)、『保育士等キャリアアップ研修テキスト3 障害児保育』(編著、中央法規)、『平成29年版新幼稚園教育要領ポイント総整理』(執筆、東洋館出版社)、『文化を映し出す子どもの身体−文化人類学からみた日本とニュージーランドの幼児教育』(翻訳、福村出版)、『発達が気になる子どもの行動が変わる！ 保育者のためのABI (活動に根ざした介入) 実践事例集』(執筆、福村出版) などがある。

特別な配慮を
必要とする子どもが
輝くクラス運営
教える保育からともに学ぶ保育へ

2018年9月10日　発行

著者　　　松井剛太
発行者　　荘村明彦
発行所　　中央法規出版株式会社
　　　　　〒110-0016 東京都台東区台東3-29-1 中央法規ビル
　　　　　営業　　　Tel 03（3834）5817　Fax 03（3837）8037
　　　　　書店窓口 Tel 03（3834）5815　Fax 03（3837）8035
　　　　　編集　　　Tel 03（3834）5812　Fax 03（3837）8032
　　　　　https://www.chuohoki.co.jp/

装幀　　　相馬敬徳（Rafters）
イラスト　祖父江ヒロコ
印刷・製本　株式会社ルナテック

定価はカバーに表示してあります。
ISBN 978-4-8058-5744-1

本書のコピー、スキャン、デジタル化等の無断複製は、著作権法上での例外を
除き禁じられています。また、本書を代行業者等の第三者に依頼してコピー、
スキャン、デジタル化することは、たとえ個人や家庭内での利用であっても著
作権法違反です。
落丁本・乱丁本はお取替えいたします。